我们一起解决问题

股票大作手

操盘术

❖ 融合时间和价格的利弗莫尔准则 ❖

[美]杰西·利弗莫尔（Jesse Livermore）◇著

丁圣元◇译

HOW TO TRADE IN
STOCKS

人民邮电出版社

北京

图书在版编目（CIP）数据

股票大作手操盘术：融合时间和价格的利弗莫尔准则／（美）利弗莫尔（Livermore，J.）著；丁圣元译．— 北京：人民邮电出版社，2012.9
ISBN 978-7-115-29236-0

Ⅰ．①股… Ⅱ．①利… ②丁… Ⅲ．①股票交易—基本知识 Ⅳ．①F830.91

中国版本图书馆 CIP 数据核字（2012）第 190915 号

内 容 提 要

　　本书由华尔街传奇股票操盘手杰西·利弗莫尔亲笔所著，系统介绍了他自己独创的基于时间与价格两大要素的股市交易法则，配有他具体操盘的详细记录。此外，译者还结合当下股市的交易模式，将利弗莫尔时代的纸带记录数据转化为了现代股市交易图表，使利弗莫尔的交易思想更加易于被理解和掌握。

　　本书适合对股票投资和技术分析感兴趣的读者参考阅读。

股票大作手操盘术——融合时间和价格的利弗莫尔准则

◆ 著　　　　〔美〕杰西·利弗莫尔（Jesse Livermore）
　　译　　　　丁圣元
　　责任编辑　王飞龙

◆ 人民邮电出版社出版发行　　北京市丰台区成寿寺路 11 号
　　邮编 100061　　电子邮件 315@ ptpress. com. cn
　　网址 http://www. ptpress. com. cn
　　三河市中晟雅豪印务有限公司印刷

◆ 开本：700×1000　1/16
　　印张：10.5　　　　　　　　　　2012 年 9 月第 1 版
　　字数：100 千字　　　　　　　　2025 年 10 月河北第 90 次印刷

ISBN 978-7-115-29236-0
定　价：49.00 元
读者服务热线：(010) 81055656　印装质量热线：(010) 81055316
反盗版热线：(010) 81055315

译者前言

译者最初翻译《股票大作手操盘术》是在 2003 年，出版多年来，此书虽然得到了广大读者朋友的认可，但我还是觉得有两点遗憾。

第一点遗憾，利弗莫尔的时代靠电报机传送行情，行情主要是数据流，而不是现代人熟悉的图表形式，因此利弗莫尔通过数据表格记录价格流水，同时通过对数据加以分类的方式来进行趋势分析，这和现代人在图表上画线在本质上是一致的，但形式不同。近十年来，读者纷纷来信询问到底如何理解利弗莫尔规则，译者感受到大家的迫切需要，却苦于短文无法回答，难以给出令人满意的回复，一直深感歉疚。这次修订的一个重点是第九章的规则说明，译者用现代图表逐条注释利弗莫尔的趋势分析规则；另一个重点是第十章的图表和释义，本章是利弗莫尔为了进一步阐述自己的趋势分析规则而列举的实例，译者把利弗莫尔原来分门别类的数据流水恢复为一本总流水账，再绘制成图表，用他的规则来进行标注，便于读者对照。这是译者根据自己的理解所做的努力，希望能够解答读者诸君信中的问题，了却旧债。

第二点遗憾是，上一版本中的数据表由于印刷技术所限必须重新制作，制作后未经译者审定，以至于数据表中的数据讹错较多。顺便说一句，利弗莫尔是亲自手工记录，在全部记录中也有极个别日期或数据笔误的情形，译者根据正文并在图表的帮助下，在自制的数据表中做了更正，同时，原数据表保持不变。

限于译者水平，上述注释肯定存在不妥之处，敬请广大读者朋友指正，以便再版时改正。

　　思想的翅膀多么轻盈，可以瞬间从地球飞到月球，从远古飞到未来。更为奇妙的是，同一个人，对同一个问题、在同一个时刻，可以同时拥有相互矛盾甚至彻底相反的多种想法。可是，行动的脚步却被现实牢牢绑缚着，已经发生的、正在发生的、将要发生的事情，如同一根绳子上的蚂蚱。思想总可从头开始，而行为却通常是路径依赖；思想可以同时千头万绪，而行为在任一时刻只能是一个。

　　思想的完全自由和行动的相对不自由之间存在着根本的差异，这往往导致思想和行动的脱节。想归想，做归做，甚至只想不做，最终削弱了行为本身应有的一致性。换言之，即使思想完全符合理性，也不能保证行为符合理性。

　　因此，人的行为不可能总是符合理性。一个人干蠢事，原因通常不在于智力不足，而是因为利益攸关。有些人的兴趣往往围着"利"展开，"利"是兴趣中心。如果我们是这样的人，那么"利令智昏"恐怕就是我们的常态了。

　　偏偏金融市场的投资交易是纯粹逐"利"、完全围绕"利"展开的。金融市场进入门槛低，竞争极为充分，接近理想的自由市场，要成功当然不易。而极少数成功者所获得的利润，恰恰正是为数众多的失败者为他们奉献的牺牲。赢家通吃，差不多是自由竞争的必然结果。

　　一方面，金融市场投资和交易具有高度的危险性；另一方面，我们自身的理性和行为又不可能协调一致，且理性常常会遭受"利"的牵引和蒙蔽。那么唯一合理的选择就是必须遵守"操作规程"。市场技术分析便属于投资者和交易者在市场上维持生存必须依赖的操作规程。事实上，技术分析不过是千千万万投资交易先辈亲身经验的总结和凝聚。就本质而言，学习技术分析，学的就是操作规程。

杰西·利弗莫尔是美国股票市场、期货市场的一位世纪级的传奇投资交易大师。他14岁初中毕业后不久便进入金融市场，终生从事金融投资和交易事业，一生经历了四次大起大落，堪称投资交易之王。虽然他活跃交易的时代远在1940年之前，但他的故事却在全世界传颂，从不曾因为岁月流逝而失去一丁点色彩。他在市场中的生存、拼搏经历，反映了早期市场参与者筚路蓝缕、穷尽毕生精力探索投资交易之道的生动历程。上至华尔街的殿堂，下至有志于通过投资交易改变命运的穷小子的陋室，关于他的著作和他自己写的著作在今天依然被奉为圭臬，被广为研究和效仿。

幸运的是，利弗莫尔亲笔撰写了这部篇幅不长的著作——《股票大作手操盘术》。这部书主要不是讲故事，而是介绍他的交易规则、操作案例。这便是他的操作规程，也是市场技术分析规范和方法的源头。在研究他的人生经历时，我们的注意力主要在他的心路历程，在他的投资理念和交易方法的一次次蜕变、升级；在研究他的《股票大作手操盘术》时，我们的注意力则直击核心——利弗莫尔的交易体系和方法。

对待操作规程，首要的一条就是照着做。时代不同、行情揭示方式不同，利弗莫尔规则中的具体参数当然可以适当调整。当时制作指数很困难，现在代表性指数的制作和获得非常简易，个股和个股、个股和指数的相互验证关系比过去更容易观察。然而，万变不离其宗，核心问题依然围绕趋势展开，即如何根据当前行情判断其属于什么趋势，进而采取什么样的行动：做多、做空还是等待？

首先，利弗莫尔规则所分析的形态具有典型性、简明性和完备性，可操作性强。其次，利弗莫尔规则完全围绕趋势的识别和界定展开，会将新到来的行情数据立即甄别到对应的趋势门类中，同时忽略掉没有趋势信息的数据。最后，即使不采用利弗莫尔的规则体系，其设计思想依然是我们学习、揣摩的经典案例。

作为"理性"的人，对操作规程总要问为什么。操作规程中大部分内容在相当程度上存在科学合理的依据，值得深入研究。所谓科学就是对市场行为的客观认识，对自己的局限性的客观认识和控制。但是，操作规程不完全是科学，更多的是经验总结，有待科学进一步证实。投资和交易最重要的是在合适的时机采取合适的行动，行动第一，原因和道理第二。恰恰在这一点上，操作规程满足了行动第一的要求，所以利弗莫尔规则具有宝贵的实用价值。

相比利弗莫尔，我们是幸运的，一方面现代化的通信和计算机设备让我们可以随时随地获得各种各样的数据、表格、图形，进行各式各样的分析，甚至可以借助计算机自动交易；另一方面，前人栽树、后人乘凉，市场技术分析的理论和技巧越来越丰富、越来越成体系，不需要我们从零开始在黑暗中摸索。

不过，水涨船高，我们只不过是借助现代化工具来表现古老的人性，虽然工具变了，但人性不变，市场也不变。切实领悟前人的宝贵遗产，努力继承和发扬前人的宝贵遗产，是现代投资交易者必不可少的基本功。

丁圣元

2012 年 6 月 17 日

目　录

投机，是天下彻头彻尾最富魔力的行当。但是，这行当愚蠢的人不能干，懒得动脑子的人不能干，心理不健全的人不能干，企图一夜暴富的冒险家不能干。这些人如果贸然卷入，到头来终究会一贫如洗。

……不要让这只股票失去新鲜的味道。你已经取得了漂亮的账面利润，必须保持耐心，但是也不要让耐心变成约束思路的框框，以至于忽视了危险的信号。

集中注意力研究当日行情最突出的那些股票。如果你不能从领头的活跃股票上赢得利润，也就不能在整个股票市场赢得利润。

HOW TO TRADE IN
STOCKS

第一章

投机，是一项挑战

投机，是天下彻头彻尾最富魔力的行当。但是，这行当愚蠢的人不能干，懒得动脑子的人不能干，心理不健全的人不能干，企图一夜暴富的冒险家不能干。这些人如果贸然卷入，到头来终究会一贫如洗。

很多年来，每当我出席晚宴的时候，只要有陌生人在场，他们中几乎总有人走过来坐到我身边，稍作寒暄便言归正传：

"我怎样才能从市场上挣些钱？"

当我还年轻的时候，会不厌其烦地设法解释，期盼从市场上既快又不费事地挣钱是不切实际的，你会碰上如此这般的麻烦；或者想尽办法找个礼貌的借口，从困境中脱身。最近这些年，我的回答只剩下生硬的一句：

"不知道。"碰上这种人，你很难耐得住性子。其他先不说，这样的问法对于一位已经将投资和投机作为事业，并对其进行了科学研究的人来说，实在算不得什么恭维。要是这位外行朋友也拿同样的问题请教一位律师或外科医生，那才叫公平：

"我怎样才能从法律事务或者外科手术上快快挣钱？"

话说回头，我到底还是认定，对于有志于在股票市场投资或投机的大多数人来说，如果有一份指南或者路线图为他们指出正确方向的话，他们是愿意付出汗水和研究来换取合理回报的。本书正是为这些人写的。

本书的目的是介绍我在终生从事投机事业过程中的一些不同寻常的亲身经历——其中既有失败的记录，也有成功的记录，以及每一段经历带给我的经验教训。透过这些介绍，我将勾勒出自己在交易实践中采用的时间要素理论。我认为，对于成功的投机事业来说，这是最重要的因素。

不过，在展开下一步之前，请允许我警告在先，"一分耕耘，一分收获"，你的成功果实将与你在亲自努力的过程中表现出来的诚心直接成正比。你的努力包括自己坚持做行情记录，自己动脑思考，并得出自己的结论。如果你还算明智，绝不会一边自己读《如何维持体形》，一边将锻炼的事交给他人代劳。因此，如果你诚心实行我的准则，也不可以将做行情记录的工作假手他人。我的准则将时间和价格二要素熔为一炉，在随后的章节里将逐步阐明。

我只能领你入门，修行靠你自己。如果借助我的引导，你最终有能力在股票市场上输少赢多，我将备感欣慰。

本书的读者对象并不是普罗大众，而是其中特定的人群。这部分人往往表现出一定的投机倾向，我要向他们讲述自己在多年的投资和投机生涯中逐步积累的一些观点和想法。无论哪一位，如果天性具有投机倾向，就应当将投机视为一门严肃的生意，并诚心敬业，不可以自贬身价、向门外汉看齐。许多门外汉想也不想便将投机看成单纯的赌博。

如果我的观点正确，即投机是一门严肃生意的大前提成立，那么所有参与此项事业的同行朋友就应当下决心认真学习，尽己所能，充分发掘现有的数据资料，使自己对这项事业的领悟提升到自己的最高境界。在过去40年中，我始终致力于将自己的投机活动升华为一项成功的事业，并且已经发现了一些适用于这一行的要领。我还将继续发掘新的规律。

记不清多少个夜晚，我在床上辗转反侧，反省自己为什么没能事先预见到一波行情的到来，第二天一大早醒来，心里便想出了新点子。我几乎等不及天亮，就会急于通过历史行情来检验新点子是否有效。在绝大多数情况下，这样的新点子都离百分之百正确相差十万八千里，不过，其中多少总有些合理的成分，而且这些可取之处日积月累储存在我的潜意识中。再过一阵，或许又有其他想法在脑子里成形，我便又立即着手检验它。

随着时间的推移，各式各样的想法越来越清晰、具体，于是我逐渐能够开发出成熟的新方法来记录行情，并以新式行情记录作为判断市场走向的指南针。

就自己满意的程度而言，我的理论和实践都已经证明，在投机生意中，或者说在证券和商品市场的投资事业中，从来没有什么全新的东西——万变不离其宗。有些市场条件下，我们应当投机；同样肯定地，有些市场条件下，我们不应当投机。

有一句谚语再正确不过了："你可以赢下一场赛马，但你不可能赢下所有的赛马。"市场操作也是同样的道理。有些时候，我们可以从股票市场投资或投机中获利，但是如果我们日复一日、周复一周地总在市场里打滚，就不可能始终如一地获利。只有那些有勇无谋的莽汉才会这样做。这种目的本来就是不可能实现的，永远不会有希望。

为了投资或投机成功，我们必须就某只股票下一步的重要动向形成自己的判断。投机其实就是预期即将到来的市场运动。为了形成正确的预期，我们必须构筑一个坚实的基础。举例来说，在公布一则新闻后，你必须站在市场的角度，用自己的头脑独立分析它可能对行情造成的影响。你要尽力预期这则消息在一般投资大众心目中的效应——特别是其中那些与该消息有直接利害关系的人。如果你从市场角度判断，它将产生明确的看涨或看跌效果，此时千万不要草率地认定自己的看法，一定要等到市场变化本身已经验证了你的观点之后，才能在自己的判断上签字画押，因为它的市场效应未必如你倾向的看法那样明确。

就本质而言，我们只需回答两个问题："是怎样"和"应怎样"。为了便于说明，我们来看看下面的实例。行情已经沿着一个明确的趋势方向持续了一段时间，一则看涨的或者看跌的新闻也许对市场产生不了一丝一毫的作用。当时，市场本身或许已经处于超买或超卖状态，在这样的市场条件下，市场肯定对这则消息视而不见。此时此刻，对投资者或投机者来说，市场在相似条件下的历史演变记录就具有了不可估量的参考价值。此时此刻，你必须完全抛弃自己对市场的个人意见，将注意力百分之百地转向市场变化本身。意见千错万错，市场永远不错。

对投资者或投机者来说，除非市场按照你的个人意见变化，否则个人意见一文不值。今天，没有任何人或者任何组织能够人为制造行情、人为阻止行情。某人也许能够对某只股票形成某种意见，相信这只股票将要出现一轮显著上涨或下跌行情，而且他的意见也是正确的，因为市场后来果然这样变化了，即便如此，这位仁兄依然有可能赔钱，因为他可能把自己的判断过早地付诸行动。他相信自己的意见是正确的，于是立即采取行动，然而，刚刚进场下单，市场就走向了相反的方向。行情越来越陷入胶着状态，他也越来越疲惫，于是平仓离开市场。或许过了几天后，行情走势又显得很对路了，于是他再次杀入，但是一等他入市，市场再度转向和他相左的方向。祸不单行，这一次他又开始怀疑自己的看法，又把头寸割掉了。终于，行情启动了。但是，由于他当初急于求成而接连犯了两次错误，这一回反而失去了入市的勇气。也有可能他已经在其他地方另下了赌注，已经难以再增加头寸了。总之，欲速则不达，等到这只股票行情真正启动的时候，他已经失去了机会。

　　我这里想强调的是，如果你对某只或某些股票形成了明确的看法，千万不要迫不及待地一头扎进去。要从市场出发，耐心观察它或它们的行情演变，伺机而动。一定要找到基本的判断依据。比方说，某只股票当前成交价位于 25.00 美元，它已经在 22.00 美元①到 28.00 美元的区间里维持相当长的时间了。假定你相信这只股票最终将攀升到 50.00 美元，也就是说，现在它的价格是 25.00 美元，而你认为它应当上涨到 50.00 美元。

---

　　① 译者注：本书描述股票报价时，1 点指 1 美元；描述商品期货报价时，根据不同情况，1 点也可能指 1 美分。

且慢！耐心！一定要等这只股票活跃起来，等它创新高，比如说上涨到 30.00 美元。只有到了这个时候，你才能"就市论市"地知道，你的想法已经被证实。这只股票必定已经进入了非常强势的状态，否则根本不可能达到 30.00 美元的高度。只有当这只股票已经出现了这些变化后，我们才能判断，这只股票很可能正处在大幅上涨过程中——行动已经开始。这才是你为自己的意见签字画押的时候。你虽然没有在 25.00 美元的时候就买进，但绝不要让这一点给自己带来任何烦恼。如果你真的在那儿买进了，那么结局很可能是这样的，你等啊等啊，被折磨得疲惫不堪，早在行情发动之前就已经抛掉了原来的头寸，而正因为你是在较低的价格卖出的，你也许会悔恨交加，因此后来本应再次买进的时候，却没有买进。

我的经验足以为我证明，真正从投机交易中得来的利润，都来自那些从头开始就一直盈利的头寸。接下来，我将列举一些自己的实际操作案例，从这些案例中你会注意到，我总是选择一个关键的心理时刻来投入第一笔交易——这个时刻是，当前市场运动的力度如此强大，它将径直继续向前冲去。这只股票之所以继续向前冲，不是因为我的操作，而是因为它背后这股力量如此强大，它不得不向前冲，而且也的确正在向前冲。

曾经有很多时候，我也像其他许多投机者一样，没有足够的耐心去等待这种百发百中的时机。我也想无时无刻都持有市场头寸。你也许会问："你有那么丰富的经验，怎么还让自己干这种蠢事呢？"答案很简单，我是人，也有人性的弱点。就像所有的投机客一样，我有时候也让急躁情绪冲昏了头脑，蒙蔽了良好的判断力。投机交易酷似扑克牌游戏，就像21点、桥牌或是其他类似的玩法。我们每个人都受到一个共同的人性弱点的诱惑，每一次轮流下注时，都想参与一份，每一手牌都想赢。我们或多或少都具备这个共同的弱点，而正是这一弱点成为投资者和投机者的头号敌人，如果不对之采取适当的防范措施，它最终将导致我们的溃败。满怀希望是人类的显著特点之一，担惊受怕则是另一个同样显著的特点。然而，一旦你将希望和恐惧这两种情绪搅进投机事业，就会面临一个极可怕的危险局面，因为你往往会被两种情绪搅糊涂了，从而颠倒了它们的位置——本该害怕的时候却满怀希望，本有希望的时候却惊恐不安。

试举例说明。你在30.00美元的位置买进了一只股票。第二天，它很快急拉到32.00美元或32.50美元。你立即变得充满恐惧，担心如果不把利润落袋为安，明天就会看着这利润化为乌有——于是你卖出平仓，把这一小笔利润拿到手里，而此时恰恰正是你该享受世界上一切希望的时刻！这两个点的利润昨天还不存在，为什么现在你要担心丢掉呢？如果你能在一天的时间内挣两个点，那么下一天你可能再挣两个点或3个点，下一周或许能多挣5个点。只要这只股票的表现对头、市场对头，就不要急于实现利润。你知道你是正确的，因为如果不是，你根本就不会有利润。让利润奔跑吧，你驾驭它一起奔跑，也许它最终会扩大为一笔很可观的利润。只要市场的表现没有任何迹象引起你的担心，那就鼓起勇气，坚定自己的信念，坚持到底。

再来看看相反的情形。假定你在 30.00 美元买进某只股票，第二天它下跌到 28.00 美元，账面显示两个点的亏损。你也许不会担心下一天这只股票可能继续下跌 3 个点或更多点。不，你只把当前的变化看作一时的反向波动，觉得第二天市场肯定还要回到原来的价位。然而，正是在这种时刻，你本该忧心忡忡。在这两点的亏损之后，有可能雪上加霜，第二天再亏损两个点，下周或下半个月或许再亏损 5 个点或 10 个点。这正是你应当害怕的时刻，因为如果当时你没有止损出市，后来可能会被逼承担远远大得多的亏损。这正是你应当卖出股票来保护自己的时候，以免亏损越滚越大，变成大窟窿。

利润总能自己照顾自己，而亏损永远不会自动了结。投机者不得不对当初的小额亏损采取止损措施，以确保自己不会蒙受大额损失。这样一来，就能维持自己账户的生存，终有一日，当他心中形成了某种建设性想法时，还能重整旗鼓，开立新头寸，持有与过去犯错误时相同数额的股票。投机者不得不充当自己的保险经纪人，确保投机事业持续下去只有一条路可走：小心守护账户里的资本，决不允许亏损大到足以威胁未来操作的程度。留得青山在，不怕没柴烧。一方面，我认为成功的投资者或投机者事前必定总是有充分的理由才入市做多或做空的；另一方面，我也认为他们必定根据一定形式的准则或要领来确定首次入市建立头寸的时机。

请允许我重复一下。在特定条件下，市场运动的确正处在方兴未艾的展开过程中。我坚信，任何人，只要他既具有投机者的本能，又具备投机者的耐心，就一定能设法建立某种准则，借以正确地判断何时可以建立初始的头寸。成功的投机绝对不是什么单纯的赌博。投资者或投机者为了系统地、持续地取得成功，必须掌握一定的判断准则。不过，我采用的某些准则也许对其他任何人都没有价值。为什么会有这种情况呢？如果这些准则对我具有无可估量的价值，为什么不能同样适合你呢？答案是，没有哪项准则百分之百准确。假如我采用的某种准则是自己的独门功夫，我当然知道结果应该是什么样的。如果我买的股票没有出现我预期的那种表现，我立即可以断定时机还不成熟——因此，就会了结头寸。也许几天之后，我的准则再度指出应当入市，于是我便再次入市，或许这一回它百分之百地正确。我相信，只要愿意投入时间和心血研究价格运动，任何人都能够在合理的时间内建立自己的判断准则，而这些准则将在他未来的炒作或投资活动中发挥作用。在本书中，我介绍了一些思路，这些判断准则在我的投机操作活动中具有很高的价值。

很多交易者亲手制作股票平均指数的图表或记录。他们翻来覆去地推敲、琢磨这些图表和记录。当然，这些平均指数图表常常能够揭示明显的趋势，这没问题。以我个人的观点来看，图表从来没有多少吸引力。我认为，总的说来它们过于混淆不清。虽说如此，我自己也坚持做着行情记录，狂热的程度和那些画图的同行们不相伯仲。他们也许是对的，我也许是错的。

我之所以偏好自己的行情记录方式，是因为如下事实：我的记录方法能够为我清楚揭示当前正在发生的行情演变过程。但是，仅当我把时间要素纳入通盘考虑之后，我的行情记录才对我判断即将到来的重大行情变化真正有帮助。我相信，通过维持合适的行情记录，并综合考虑时间要素——我将在后文详细讲解——我们就能以相当可靠的精确度预测未来重大的市场运动。然而，需要足够的耐心才能做到这一点。

熟悉一只股票，或者熟悉若干不同的股票群体之后，如果你能结合自己的行情记录来正确地推算时间要素，那么或迟或早，你就能够判定重大变化到来的时机。如果你能正确解读行情记录，就能在任何股票群体中挑出它的领头羊。重复一遍，你一定要亲手做行情记录。你必须亲手填写数字，别让任何人越俎代庖。在亲力亲为的过程中，你会灵感如泉涌，多得令自己都惊讶。没有人能教给你这些新思路，因为它们是你自己的发现，是你的秘密，因此你应当敝帚自珍、秘而不宣。

我在本书中对投资者和投机者提出了一些"不要"。其中一条主要原则是：绝对不可以把投机冒险和投资活动混为一谈。投资者之所以常常蒙受巨大的亏损，没有其他原因，正是因为他们当初抱着投机的念头来买股票，因此付出了代价。

我们经常听到一些投资者声称："我用不着担心股票行情波动，也不用担心经纪人催着追加保证金。我从不投机。我买股票就是为投资，如果它们价格下跌，迟早会有涨回来的一天。"

在这些投资者当初买进那些股票的时候，曾经相信这些股票具有很好的投资价值。不幸的是，时过境迁，这些股票的基本面后来遭遇剧烈变化。从此，当初所谓的"价值型股票"常常转化成纯粹的投机型股票。其中有些股票甚至干脆不复存在了。当初的投资化为泡影，投资者的宝贵资本也随之一去不返。之所以发生这种现象，是因为投资者没能清楚地了解，虽然他所谓的"投资"本来的确是打算长久持有的，但是这只股票的价值将来也许要重新受到新情势的考验，而这些新情势可能损害该股票的盈利能力。就在这位投资者弄清楚新情况之前，该股票的投资价值已经大大缩水了。因此，成功的投机者在其冒险生涯中总是如履薄冰地守护自己的资本账户，投资者对此也同样大意不得。如果能够做到这一点，那么那些喜欢别人称自己为"投资者"的朋友，将来就不会被逼上梁山，万般无奈地变成投机者了——当然，他们的信托基金账户也就不会如此大幅贬值了。

你一定记得，没有多少年之前，人们曾经认为把钱投资在纽约、纽黑文和哈特福德铁路公司比存银行还安全。1902 年 4 月 28 日，纽约、纽黑文和哈特福德公司的股票成交价格是 255 美元。1906 年 12 月，芝加哥、米尔沃基和圣保罗公司的股票成交价格是 199.62 美元。当年 1 月，芝加哥西北公司的股票成交价格是 240 美元。同年 2 月 9 日，大北方铁路公司的股票成交价格为每股 348 美元。当时所有这些公司都在派发优厚红利。

今天我们再来看看当年这些"投资型股票"吧，1940 年 1 月 2 日，它们的报价分别如下：纽约、纽黑文和哈特福德铁路公司每股 0.50 美元；芝加哥西北公司的股价则位于 5/16[①]，大约每股 0.31 美元；大北方铁路公司的股票报价是每股 26.62 美元。1940 年 1 月 2 日，没有芝加哥、米尔沃基和圣保罗公司股票的报价——但是在 1940 年 1 月 5 日，它的报价是每股 0.25 美元。

很容易就能接下去再列举数百只类似的股票，它们当年风行一时，被看成是金边投资，但在今天价值寥寥无几、乃至一文不值。就这样，伟大的投资坠落尘埃，而当初自称保守的那班投资者眼睁睁看着巨额财富不断消减，最终化为乌有。

股市投机者也有赔钱的时候。但是我相信，下面这种说法是经得住推敲的，单单在投机活动中亏掉的金钱和那些撒手不管头寸的所谓投资者亏掉的巨额金钱比起来，不是更多，而是更少。

以我的观点来看，这些投资者才是大赌徒。他们拍下赌注，一赌到底，如果赌错了，就输个精光。投机者也许会在投资者买进的时候同时买进。但是如果这位投机者还算明智的话，他将认识到——如果他坚持做记录的话——危险的信号正在警告他，所有的地方都不对头。如果他立即行动，就能把亏损限制在最小限

[①] 译者注：在传统的美国金融市场报价中，常常用 1/2、1/4、1/8、1/16 和它们的倍数作为小数点以下的报价方式。股票报价 1 点等于 1 美元，因此这些都是 1 美元以下的报价，分别相当于 0.5、0.25、0.125、0.0625 美元。本书不用小数点而用 "－"来连接股票价格的整数美元部分与零头部分，读作 "又"。例如，"90-$\frac{1}{4}$" 表示股票价格为 "90 美元又 $\frac{1}{4}$"，"－" 是 "又" 的意思，"－" 前面的数字表示整美元数，后面的数字表示零头。

度内，然后等待更有利的机会再入市。

当一只股票的价格开始下滑时，没人能够说清楚它到底还要跌多深。在一轮普遍的上涨行情中，同样没人能够说清楚一只股票最终顶部在哪儿。

请把下面几项要点刻在你脑子里最突出的位置上。

要点之一，绝不要因为某只股票看起来价格过高而卖出它。你也许看着一只股票从 10 美元上涨到 50 美元，认定它的成交价已经高得太离谱了。这个时候，我们恰恰应当研究判断有没有任何因素可能阻止它在盈利状况良好、企业管理层优秀的条件下，从 50 美元开始，继续上涨到 150 美元。很多人看到某只股票已经经历了长期的上涨行情，认为它的价格"看上去太高了"，就抛空这只股票，结果赔光了本金。

反过来，绝不要因为某只股票从前一个最高点大幅下滑而买进它。很有可能这一轮大幅下跌是基于很扎实的理由才形成的。以公平的价格来看，也许该股票当前还是处在极端的高位——即使它的当前价位看上去似乎比较低。设法忘却它过去较高的价格区间，根据综合时机和价格二要素的利弗莫尔公式重新审视它吧。

如果了解我的交易方法，那么很多人也许会感到诧异。当我在行情记录上看到某只股票的上升趋势正在展开时，会先等股价出现正常的向下回撤，然后，股价一创新高便立即买进。当我卖空的时候，也采取同样的方式。什么道理？我正在选择恰当的时机追随这个趋势。我的行情记录发出信号——前进！

我绝不在市场向下回撤时买进做多，也绝不在市场再度向上反扑时卖出做空。

此外，还有一个要点是：如果你头笔交易已经处于亏损状态，就绝不要继续跟进，否则你就是太执迷不悟了。绝不要企图摊低亏损的头寸。一定要把这个想法深深地刻在你的脑子里。

HOW TO TRADE IN
STOCKS

第二章

凭规则抉择交易时机，该等则等、该出则出

股票，就像人，也有自己的品格和个性。有的股票弦绷得紧紧的，个性紧张，动作呈跳跃状；还有的股票则性格豪爽，动作直来直去，合乎逻辑；总有一天你会了解并尊重各种证券的个性。在各自不同的条件下，它们的动作都是可以预测的。

市场从不停止变化。有时候，它们非常呆滞，但并不是在哪个价位上睡大觉，而是总要稍稍上升或下降。当一只股票进入明确的趋势状态后，将自动运行，前后一致地沿着贯穿整个趋势过程的特定线路演变下去。

行情开始的时候，开头几天你会注意到，伴随着价格的逐渐上涨，形成了非常巨大的成交量。随后，将发生我所称的"正常的回撤"。在向下回落过程中，成交量远远小于前几天上升时期。这种小规模回撤行情完全正常。永远不要害怕这种正常动作；然而，一定要十分害怕不正常的动作。

一到两天之后，行动将重新开始，成交量随之增加。如果这是一个真动作，那么在短时间内市场就会收复在那个自然的、正常的回撤过程中丢失的地盘，并将进入新高区域。在这个过程中，应当在几天之内一直维持着强劲的势头，其中仅仅含有小规模的日内回调。或迟或早，它将达到某一点，又该形成另一轮正常的向下回撤了。当这个正常回撤发生时，它应当和第一次正常回撤落在同一组直线①上，当任何股票处于明确趋势状态时，都会按照此类自然的方式演变。在这轮运动的第一部分，从前期高点到下一个高点之间的差距并不很大。但是你将注意到，随着时间的推移，它将向上拓展大得多的空间高度。

请让我举例说明，假定某只股票在 50 美元的价位启动。在其运动的第一段旅程中，也许它将渐渐地上涨到 54 美元。此后，一两天的正常回撤也许把它带回 52-$^1/_2$ 上下。三天之后，它再度展开旅程。这一回，在其再次进入正常回撤过程之前，它或许会上涨到 59 或 60 美元。但是，它并没有马上发生回撤，中途可能仅仅下降了 1 个点或者 1.5 个点，而如果在这样的价格水平上发生自然的回撤过程中，股价很容易就会下降 3 个点。当它在几天之后再度恢复上涨进程时，你将注意到此时的成交量并不像这场运动开头时那样庞大。这只股票变得紧俏起来，较难买到了。如果情况是这样的话，那么这场运动的下一阶段动作将比之前快速得多。该股票可能轻易地从前一个高点上升到 60、68 乃至 70 美元，并且中途没有遇到自然的回撤。如果直到这时候才发生自然的回撤，则回撤过程将更严厉。它可能轻而易举地下挫到 65 美元，而且即使如此也还属于正常回撤。不仅如此，假定回撤的幅度在 5 点上下，那么过不了多少日子，上涨进程就会卷土重来，该股票的成交价将上达全新的高位。正是在这个地方，时间要素上场了。

---

① 译者注：这组直线很可能指趋势线，原文没有明确说明。

不要让这只股票失去新鲜的味道。你已经取得了漂亮的账面利润，必须保持耐心，但是也不要让耐心变成约束思路的框框，以至于忽视了危险的信号。

这只股票再次开始抬头，前一天上涨的幅度大约 6 到 7 点，后一天上涨的幅度也许达到 8 到 10 点——交易极度活跃——但是，就在这个交易日的最后一小时，突如其来地出现了一轮不正常的下探行情，下跌幅度达到 7 到 8 个点。第二天早晨，市场再度顺势下滑了 1 个点左右，然后重新开始上升，并且当天尾盘行情十分坚挺。但是，再后一天，由于某种原因，市场却没能保持上升势头。

这是一个迫在眉睫的危险信号。在这轮市场运动的发展过程中，在此之前仅仅发生过一些自然而正常的回撤。此时此刻，却突然形成了不正常的向下回撤——这里所说的"不正常"，指的是在同一天之内，市场起先向上形成了新的极端价位，随后向下回落了 6 个点乃至更多——这样的事情之前从未出现过，而从股票市场本身来看，一旦发生了不正常的变故，就是市场在向你闪动危险信号，绝不可忽视这样的危险信号。

在这只股票自然上升的全部过程中，你都该有足够的耐心持股不动。现在，一定要以敏锐的感觉向危险信号致以应有的敬意，勇敢地断然卖出，离场观望。

我并不是说这样的危险信号总是准确的，正如我在前面声明的那样，没有任何准则百分之百地准确。但是如果你始终一贯地注意这样的危险信号，从长远来看，将收获巨大。

一位伟大的天才投机家有一次告诫我："当看到市场向我发出危险信号时，我从不和它执拗。我离开！几天之后，如果各方面看来都没问题，我总是能够再度入市。如此一来，我为自己减少了很多焦虑，也省下了很多金钱。我是这样算计的，假如我正沿着铁轨向前走，一列快车以60英里（约100公里）的时速向我冲来，我就会跳开轨道让火车过去，而不会愚蠢到站在那儿不动。等它过去了，只要我愿意，什么时候再回到轨道上都行。"这番话十分形象地揭示了一种投机智慧，我始终牢记不忘。

每一位明智的投机者都会对危险信号时刻保持警惕。奇怪的是，绝大多数投机者遇到的麻烦往往来自自己内在的原因，这种内在的弱点妨碍他们鼓起足够勇气，在应当离开市场的时候果断地平仓出市。他们犹豫不决，在犹豫之中眼看着市场朝着对己不利的方向变动了很多点。这时他们会说："下一波行情我就平仓。"下一波上涨行情终究还会到来，然而，当行情果真来临时，他们却忘记了自己当初的计划，因为在他们看来市场又表现得很对头了。遗憾的是，这一轮上涨行情仅仅是一段短暂的向上反扑，很快如强弩之末，之后，市场开始真正地下跌了。这时，他们还待在场内——因为他们的犹豫不决。如果他们凭借某种准则行事，准则就会告诉他们应当怎么做，不仅会给他们挽回大笔的损失，还会解除他们的焦虑。

请允许我重申，对于每一位普通投资者或投机者来说，自身的人性弱点都是自己最大的敌人。一只股票在一轮幅度巨大的上涨运动后开始下跌，为什么不会再度向上冲刺呢？它当然会从某个价格水平处回升。然而，你凭什么指望它正好在你希望它上冲的时候就上冲呢？更大的可能是，它不会上冲，或者即使上冲，那些优柔寡断的投机者大概也不会抓住这个机会。

我要向那些视投机买卖为一项严肃事业的普通同行竭力阐述下列原则，我也不遗余力地一再重复这些原则：一厢情愿的想法必须彻底消除；假如你不放过每一个交易日，天天投机，就不可能成功；每年仅有寥寥可数的几次机会，可能只有四五次，只有在这些时机，才可以允许自己下场开立头寸；在上述时机之外的空档里，你应当置身事外，让市场逐步酝酿下一场大幅运动。

如果你正确地把握了这轮行情的时机，那么你投入的第一笔头寸应当从头开始一直处于盈利状态。从此往后，你需要做的一切就是保持警戒，观察危险信号的出现，然后果断出场，将纸上利润转化为真金白银。

记住：在你袖手旁观时，其他那些觉得自己必须一天不落地忙于交易的投机者正在为你的下一次冒险活动铺垫基础。你将从他们的错误中获得利益。

投机事业实在太令人兴奋了。绝大多数投机者终日沉浸在经纪商交易厅里，或者忙于接听数不清的电话，每个交易日结束后，他们不分任何场合，都要和朋友们聊市场。他们的脑子里终日装着报价机、价格数字。他们对次要的市场上升或下跌全神贯注，反倒错过了主要规模的市场运动。当大幅度的趋势行情发生后，几乎无可避免地，绝大多数市场参与者总是持有相反方向的头寸。那些癖好在日内小幅频繁波动中快进快出的投机客，永远

23

不能在下一轮重大行情发生时捕捉到机会。

以适当形式记录股票的价格运动，深入研究行情记录，弄清股票价格运动是如何发生的，谨慎地综合考虑时间要素，就可以克服这样的弱点。

多年以前，我曾听过关于一位著名的成功投机家的故事，他住在加利福尼亚山区，他收到的行情要延迟三天。每年有两三回，他打电话给旧金山的经纪人，根据他的市场头寸发出买进或卖出指令。我的一位朋友曾经在那家经纪人的交易大厅待过一段时间，对这事感到很好奇，四处打听。当他得知这位交易者竟然离开市场设施这么远，也很少前来探访，只在必要时才有大手笔交易的时候，不禁惊呆了。终于有人介绍我的朋友结识这位投机家，在交谈过程中，我的朋友向这位投机家请教，他身在偏远的山区，远离凡尘，如何才能持续做股票市场的行情记录。

"噢"，投机家回答道，"我把投机当成我的事业。市场总是千头万绪，如果我把自己陷在一团乱麻中，就会一败涂地，因此我对次要的市场变化视而不见。我喜欢躲在一旁，静心思考。你瞧，我对已经发生的事情也有持续的记录，当事情发生后，它就会给我一幅清晰的图像，告诉我市场正在做什么。真正的行情不会在一天之内就从开始走到结束。货真价实的行情总需花上一阵子时间才能完成它的终结阶段。我住到远离闹市的山里，就能给这些行情留下它们所需的充分时间。我从报纸上摘录数据，放到行情记录里。总有一天，我会注意到刚刚记录下来的价格不能验证之前已经明显持续了一段时日的同一种运动形态。此时此刻，我作出决策。于是下山进城，忙碌起来。"

这是多年前的事了。在很长一段时间里，这位山里的投机家始终如一地从股票市场赚走大笔大笔的金钱。他在一定程度上激励了我。我加倍努力地工作，力图将时间因素和我汇编的其他所有资料融合起来。经过坚持不懈的努力，我已能将各方面记录整合起来、融会贯通，在预测未来市场运动的过程中，它们发挥着令人惊异的良好辅助作用。

HOW TO TRADE IN
STOCKS

第三章

追随领头羊

　　每当投资者或投机者有一段时间连连得手之后，股票市场总会施放出一种诱惑的烟雾，使他变得或者麻痹大意、或者野心过度膨胀。在这种情况下，要靠健全的常识和清醒的头脑才能保住已有的胜利果实。不过，如果你能毫不动摇地遵循可靠的行事准则，就不会命中注定般地一再上演得而复失的悲剧了。

　　众所周知，市场价格总是上上下下、不停运动。过去一直如此，将来也一直如此。依我之见，在那些重大运动背后，必然存在着一股不可阻挡的驱动力量。了解这一点就完全足够了。如果你对价格运动背后的所有原因都不肯放过，过于琐细、过于好奇，反倒画蛇添足。你的思路可能被鸡毛蒜皮的细节遮蔽、淹没，这就是那样做的风险。只要及时认清市场运动的确已经发生，然后顺着潮流驾驭着你的投机之舟，就能够从中受益。不要和市场讨价还价，最重要的是，绝不可斗胆与之对抗。

　　还要牢记，在股票市场上摊子铺得太大、四处出击也很危险。我的意思是，不要同时在许多股票上建立头寸。同时照顾几只股票尚能胜任，同时照顾许多股票就不胜负荷了。我在几年前曾犯过此类错误，付出了沉重代价。

　　我曾经犯过的错误是，看到当时某个特定的股票群体中某只股票已经明明白白地掉转方向，脱离了整个市场的普遍趋势，我便纵容自己随之对整个股票市场的态度转为一律看空或一律看多。在建立新头寸之前，本该更耐心地等待时机，等到其他股票群体中的某只股票也显示出其下跌或者上涨过程已经终了的信号。时候一到，其他股票也都会清晰地发出同样的信号。这些都是我本应耐心等待的线索。

但是，我没有这样做，而是迫不及待，要在整个市场大干一番，结果吃了大亏。在这里，急于行动的浮躁心理取代了常识和判断力。当然，我在买卖第一个和第二个股票群里的股票时是盈利的。但是，由于在买卖其他股票群中的股票时赶在拐点到来之前就已经入市，结果又亏掉了原来盈利中的很大一块。

回想当年，在20世纪20年代末期的狂野牛市中，我清楚地看出铜业类股票的上涨行情已经进入尾声。不久之后，汽车业股票群也达到了顶峰。因为牛市行情在这两类股票群体中都已经终结，我便过早得出了一个有纰漏的结论，以为现在可以安全地卖空任何股票。我不愿告诉你由于这一错误判断我亏损了多大金额。

在后来的6个月里，正当我在卖空铜业股票和汽车业股票的交易上积累了巨额账面盈利的时候，我也力图压中公用事业类股票的顶部，然而事与愿违，后者造成的亏损甚至超过了前者的盈利。最终，公用事业类股票和其他群体的股票都达到了顶峰。就在这时，我做空的森蚰公司的成交价已经比其前期最高点低了50点，汽车类股票下跌的比例也与此大致相当。

我希望这一事实给你留下深刻印象，当你看清特定股票群体的运动时，不妨就此采取行动。但是，不要纵容自己在其他股票群中以同样方式行事，除非你已经明白无误地看到了后面这个群体已经开始跟进的信号。耐心，等待。迟早，你也会在其他股票群体上得到与第一个股票群体同样的提示信号的。注意火候，不要在市场上铺得太开。

集中注意力研究当日行情最突出的那些股票。如果你不能从领头的活跃股票上赢得利润，也就不能在整个股票市场赢得利润。

正如妇女的衣服、帽子以及珠宝的时尚总是随着时间推移而变化，股票市场也会不断抛弃过去的领头羊，新领头羊将取代旧领头羊的位置。几年前，主要的领头羊是铁路类股票、美国糖业和烟草。后来，钢铁股占了上风，美国糖业和烟草被挤到台下。再往后，直到现在，汽车业等股票走上了前台。如今，只有四类股票在市场上占据主导地位：钢铁、汽车、航空和邮购类股票。如果它们朝某个方向变化，则整个市场也随之变化。随着时间的推移，新的领头羊将走上前台，某些旧的领头羊将退入幕后。股票市场存在一天，这样的现象就存在一天。

力图同时跟踪很多股票，肯定是不安全的。你将疲于奔命，也会混淆起来。尽可能只分析相对少数的几个股票群体。你将体会到，用这种方式来获得市场的真实情况，要比你把市场切成很多小块来研究容易得多。如果你能在上述四个显要的股票群体中正确地分析出其中两只股票的走向，你就用不着担心其余股票何去何从了。还是那句老话——"追随领头羊"。你要保持思想的灵活性。记住，今天的领头羊也许不是两年之后的领头羊。

现在，我自己的行情记录中包括了四个单独的股票群体。这并不意味着我在所有这些股票群体中同时进行交易。之所以这么做，自然是有用意的。

很久以前，当我第一次对价格变动产生兴趣的时候，就下决心检验自己正确预期未来价格变动的能力。我随身带着一个小本子，记录我的模拟交易。日积月累，我终于动手第一次实际做交易。我永远都不会忘记那笔交易。我和我的朋友一人一半，合资买进了 5 股芝加哥、伯灵顿和昆西铁路公司，我分享到的利润金额是 3.12 美元。从那以后，通过自学，我终于成为一名合格的投机者。

就当前市场的现实来说，我认为采取大手笔交易方式的老式投机者没有多大的成功机会。当我说到老式投机者时，我想起那时候市场的广度和流动性都很好，即使投机者吃进某种股票 5000 股或 10000 股，当他进、出市场的时候，也不会明显影响到该股票的价格。

在这位投机者建立初始头寸后，如果该股票表现对头，他可以从容地陆续增加筹码。在过去的市场条件下，如果市场证明他的判断有问题，他无须承担太大的损失，就能很轻易地撤出自己的头寸。但是今天，市场变得相对狭窄，如果市场走势证明初始头寸站不住脚，当他平仓时，就可能蒙受重大亏损①。

　　另一方面，正如我在前面所指，在我看来，今天的投机者如果能既有耐心又有判断力，等待恰当的行动时机，最终会有更好的机会从市场上实现丰厚利润，因为在当前市场条件下，已经不允许出现那么多人为操纵的市场波动了。这类操纵行情的行为在旧时代过于盛行，以至于所有的科学化测算手段都受到冲击，失去了良好效用。

　　由此可见，很明显，根据今天的市场条件，没有哪位明智的投机者会允许自己按照若干年前司空见惯的头寸规模来操作。他将集中研究有限数目的股票群体，集中研究其中的领头羊。他将学会先仔细看路再向前跳跃。股票市场的新时代已经到来——新时代给明智、勤奋、胜任的投资者和投机者带来了更安全的机遇。

---

　　①　译者注：市场广度是一个描述市场基本状态的术语，类似于大河的宽度，大河越宽，则洪水来临时，水位上涨越少，水位越稳定。市场广度大，意味着大笔交易对市场价格的影响较小；反之，则可能明显改变市场价格。作者在这里的意思是，由于卖出的头寸数额较大，一边卖，市场一边明显下跌，结果蒙受了巨大损失。

HOW TO TRADE IN STOCKS

第四章

到手的钱财

当你处理富余收入时，一定要亲自出马，不能委托他人。

不论是处理上百万的大钱，还是几千元的小钱，都适用同样的操作原则。这是你的钱，只有小心看护，它才会始终跟你在一起。经不住推敲的投机方式是注定会亏损钱财的。

不合格的投机者会犯下各式各样的大错，真是无奇不有。我曾经提出警告，对亏损的头寸切不可在低位再次买进、企图摊低平均成本。然而，那恰恰是最常见的招数。数不清的人在一个价位买进股票，假定买入价为 50 美元，买进了 100 股，两三天之后，如果看到可以在 47 美元再次买进，他们的心就被摊低成本的强烈欲望攫住了，非在 47 美元再买 100 股、把所有股票的成本价摊低到 48-$\frac{1}{2}$ 美元不可。你已经在 50 美元买进了 100 股，并且对 100 股 3 个点的亏损忧心忡忡，那么，到底凭什么理由再买进 100 股，当价格跌到 44 美元时双倍地担惊受怕呢？到那时，第一次买进的 100 股亏损 600 美元，第二次买进的 100 股亏损 300 美元。

如果某人打算按照这种经不住推敲的方式行事，他就应该坚持到底，市场跌到 44 美元，再买进 200 股；到 41 美元，再买进 400 股；到 38 美元，再买进 800 股；到 35 美元，再买进 1600 股；到 32 美元，再买进 3200 股；到 29 美元，再买进 6400 股，以此类推。有多少投机客能够承受这样的压力？如果能够把这样的对策执行到底，倒是不应当放弃它。上例列举的异常行情并不经常发生。然而，恰恰正是对这种异常行情，投机者必须始终保持高度警惕，以防灾难的降临。

因此，尽管有重复和说教之虞，我还是要强烈地建议你不要采取摊低成本的做法。

从经纪商那里，我从来只得到过一种铁定无疑的"内幕"消息，那便是追加保证金的通知。当这样的通知到达时，应立即平仓。你站在市场错误的一边。为什么要把"好钱"追加到"坏钱"里去？把这些"好钱"放在荷包里多捂一捂。你可以把它拿到其他更有吸引力的地方去冒险，不要放到显然正在亏损的交易上。

成功的商人愿意给形形色色的客户赊账，但是，肯定不愿意把所有的产品都赊给一个客户。客户的数量越多，风险就越分散。正是出于同样的道理，从事投机生意的人在每一次冒险过程中，也只应投入金额有限的一份资本。对于投机者来说，资金就是商人货架上的货物。

绝大多数投机者都有一个通病——急于求成，总想在很短的时间内发财致富。他们不是准备花费两到三年的时间来使自己的资本增值500%，而是企图在两到三个月内做到这一点。偶尔，他们会成功。然而，此类大胆交易者最终有没有保住胜利果实呢？没有。为什么？因为这些钱来得不稳妥，来得快去得也快，只在他们那里过手了片刻。这样的投机者丧失了平衡感，他们会说："既然我能够在这两个月内使自己的资本增值500%，想想下两个月我能做什么！我要发大财了。"

　　这样的投机者永远不会满足。他们孤注一掷，不停地投入自己所有的力量或资金，直到某个地方失算，终于出事了——某个变化剧烈的、无法预料的、毁灭性的事件。最后，经纪商终于发来最后的追加保证金通知，然而金额太大无法做到，于是，这位毫无节制的赌徒就像流星一样消逝了。也许他会求经纪商再宽限一点儿时间，或者如果不是太不走运的话，或许曾经留了一手，储存了一点应急的储蓄，可以重新有个一般的起点。

　　如果商人新开一家店铺，大致不会指望头一年就从这笔投资中获利25%以上。但是对进入投机领域的人来说，25%什么都不是，他们想要的是100%。他们的算计是经不住推敲的，他们没有把投机看作一项严肃的事业，也没有按照商业原则来经营这项事业。

　　还有一小点，也许值得提一提。投机者应当将这一点看成一项行为准则：每当把一个成功的交易平仓了结的时候，总取出一半的利润，储存到保险箱里积蓄起来。投机者唯一能从华尔街赚到的钱，就是当投机者了结一笔成功的交易后从账户里提出来的现金。

　　我回想起有一次我在棕榈海滩度假的往事。当我离开纽约时，手里还持有相当大一笔卖空头寸。几天之后，在我到达棕榈海滩后，市场出现了一轮剧烈的向下突破行情。这是将"纸上利润"兑现为真正金钱的机会——我也这么做了。

　　收市后，我给电报员一封电报，要他通知纽约的交易厅立即给我在银行的户头上支付一百万美元。那位电报员几乎吓得昏死过去。在发出这条短信之后，他问我他能否收藏那张纸条。我问他为什么。他说他已经当了 20 年的电报员，这是他经手拍发的第一份客户要求经纪商为自己在银行存款的电报。他还说道：

"经纪商在电报网上发出成千上万条电报，都是要客户们追加保证金的。但是以前从没人像你这么做过。我打算把这张条子拿给儿子们看看。"

普通投机者能够从经纪公司的账户上取钱的时候很少见，要么是他没有任何敞口头寸的时候，要么是他有额外资金的时候。当市场朝着不利于他的方向变化时，他不会支取资金，因为他需要这些资本充当保证金；当他了结一笔成功的交易之后，他也不会支取资金，因为他对自己说：

"下一次我将挣到双倍的利润。"

因此，绝大多数投机者很少见到钱。对他们来说，这些钱从来都不是真实的，不是看得见摸得着的。多年来，我已经养成习惯，在了结一笔成功的交易之后，都要提取部分现金。惯常的做法是，每次提取 20 万或 30 万美元。这是一个好策略。它具有心理上的价值。你做做看，也把它变成你的策略，把你的钱点一遍。我点过。我知道自己手中有真家伙，我感觉得到，它是真的。

放在经纪商账户里的钱或者放在银行账户里的钱，和你手中的钱是不一样的，手里的钱你的手指可以实实在在感觉到，感觉到了就有了某种意义。这里面含有某种占有感，稍稍减轻了你随意作出投机决策的冲动，而随意的投机决策导致了盈利流失。因此，一定要时常看一看你真正的钱财，特别是在你这次交易和下次交易之间。

普通投机者在这些方面存在太多散漫、纰漏的毛病。

当一个投机者有足够好的运气将原来的资本金翻一番后，他应该立即把利润的一半提出来，放在一旁作为储备。这项策略在很多场合对我都大有裨益。我唯一的遗憾是，没有在自己的职业生涯中始终贯彻这一原则。在某些地方，它本会帮我走得更平稳一些的。

在华尔街之外，我从来没能挣到过一块美元。相反，由于在华尔街之外"投资"于其他冒险事业，我已经亏损了数百万美元，这些钱都是我从华尔街挣来的。在我的脑海里浮现出来的例子有，佛罗里达地产泡沫中的地产，以及油井、飞机制造业、改善和推广高新技术产品等。在这些交易中，我总是赔得一文不剩。

在华尔街之外的这些冒险事业中，曾经有这么一回，我被激起了强烈的兴趣，于是力图说服我的一位朋友也投入 5 万美元。他十分认真地听取了我的介绍。当我说完后，他说："利弗莫尔，在自己的领域之外，你永远不可能在其他任何生意上取得成功。如果想要 5 万美元去投机，你可以拿走这些钱，无偿奉送。但是，请你仅限于投机，离那桩生意远远的。"

第二天一早，邮差带来了一张上述金额的支票，我很吃惊，因为我并没有提出要求。

这一课的教训仍然是，投机本身就是一门生意，所有人都应当把它当生意看待，专心致志。别让自己受情绪激动、阿谀奉承或利益诱惑的影响。一定要牢记在心，有时候经纪商无意识地成为许多投机者失败的根源。经纪商的生意是挣取交易佣金。除非客户交易，否则他们挣不到佣金。交易越多，佣金越多。投机者应该交易，而经纪商不仅欢迎他们交易，甚至常常有意鼓励他们过度交易。不知内情的投机客把经纪商当成自己的朋友，很快便开始过度交易。

假如这位投机者足够精明，有能力了解仅仅在何种条件下才可以多做交易，那么上述做法才是恰当的。也许他知道什么时候可以、或者什么时候应当过度交易。但是，一旦投机者染上了这种嗜好，极少有人能够足够明智地自己罢手。他们已经失去了自制力，失去了与众不同的平衡感，而这二者对成功来说都是至关重要的。他们从不会想到自己也有失手的一天。然而，这一天终究来了。容易得手的钱长着翅膀，来得快去得也快，于是又一位投机客破产了。

永远别做任何交易，除非你确知这样做在财务上是安全的。

HOW TO TRADE IN STOCKS

第五章

关键点

不论何时，只要耐心等待市场到达我所说的"关键点"之后才动手，我的交易就总能获利。

为什么？

因为在这种情况下，我选择的正是标志着行情启动的关键心理时机。我永远用不着为亏损而焦虑，原因很简单，我恰好在操作准则发出信号时果断行动，并根据准则发出的信号逐步积累头寸。之后，唯一要做的就是静观其变，任由市场自行展开行情演变的过程，我知道，只需如此，市场自身就会在合适的时机发出信号，让我了结获利。任何时候，只要我鼓起勇气并保持耐心等待这样的信号，就能按部就班如愿以偿，从不例外。我的经验始终如一地表明，如果没有在行情开始后不久便入市，我就从来不会从这轮行情中获得太大的收益。原因可能是，如果没有及时入市，就丧失了一大段利润储备，而在后来的行情演变过程中，直至行情终了，这段利润储备都是勇气和耐心的可靠保障，因此是十分必要的——在行情演变过程中，直至行情结束，市场必定会不时出现各种各样的小规模回落行情或者小规模回升行情，这段利润储备正是我不为之所动、顺利通过的可靠保障。

正如市场在适当时机会向你发出正面的入市信号一样，同样肯定，市场也会向你发出负面的出市信号——只要你有足够的耐心等待。"罗马不是一天建成的"，没有哪个重大市场运动会在一天或一周内一蹴而就。它需要一定的时间才能逐步完成发生、发展、终结的整个过程。在一轮行情中，大部分市场运动发生在整个过程的最后 48 小时之内，这是最重要的持有头寸的时间，也就是说，在这段时间内一定要持有头寸、身处场内。这一点很重要。

举个例子。假定某只股票已经在下降趋势中运行了相当长时间，达到了 40 美元的低位。随后，市场形成了一轮快速的回升行情，几天之内便上涨到 45 美元。接下来，股价回落，几周时间之内始终在几个点的范围内横向波动。此后，它又开始延续前一段上涨行情，直至 49-$\frac{1}{2}$ 美元的高度。随后市场变得很沉闷，几天之内都不活跃。终于有一天，它再度活跃起来，起先下跌了 3 到 4 个点，后来继续下滑，直到抵达接近其关键点 40 美元的某个价位为止。正是此时此地，需要特别小心地观察市场，因为如果市场要确定无疑地恢复原有的下降趋势，就应当首先下跌到比关键点 40 美元低 3 到 4 点的位置，然后才能形成另一轮明显的回升行情。如果市场未能向下跌破 40 美元，这就是一个信号，一旦市场从当前向下回撤的低点开始上冲 3 点，就应该买进。如果市场虽然向下跌穿了 40 美元的点位，但是跌下去的幅度没有达到 3 点左右，那么一旦市场上涨至 43 美元，也应该买进。

如果出现了上述两种情形中的任何一种，你就会发现，在绝大多数情况下，都标志着一轮新趋势的揭幕，如果市场以明确的方式来验证新趋势的诞生，股价就将持续上涨，一直上升到另一个关键点 49-$\frac{1}{2}$ 美元以上——而且比这个关键点高出 3 点或更多。

在阐述市场趋势的时候，我没有使用"牛市"和"熊市"，因为我觉得，一旦在行情方面听到"牛市"或"熊市"的说法，太多的人就会立即联想到市场将在一段非常长的时间里一直按照"牛市"或"熊市"方式运行。

问题是，那种特征鲜明的趋势并不经常发生——每4到5年才有一回——还好，在没有发生此类行情的时候，还有很多持续时间相对较短但轮廓分明的趋势。因此，我宁愿使用"上升趋势"和"下降趋势"这两个词，它们恰如其分地表达了市场在一定时间内即将发生的情形。更进一步地说，如果你认为市场即将步入上升趋势因而入市买进，几个星期之后，经过再次研究得出结论，市场将转向下降趋势，你会发现，很容易就能接受趋势逆转的事实。反过来，如果当初持有市场处于明确的"牛市"或"熊市"的观点，而你的观点又被市场证实，现在要转变思路就难得多了。

结合时间要素记录价格资料的利弗莫尔方法，是我经过30余年潜心研究各项准则的结果，这些准则为我预期即将到来的重大市场运动提供了基本的指南。

当我刚开始做行情记录时，觉得它并没有给自己带来多少助益。几个星期之后，我又有了新点子，新点子激发我重新努力。结果往往发现，后者虽然对前一种记录方法有所改进，但还是没有带来我需要的信息。一而再、再而三，总有新点子浮现出来，我于是制作了一系列行情记录。在制作了很多记录之后，我逐渐开始萌发前所未有的新思路，随之而来的行情记录也渐渐浮现出越来越清晰的市场轮廓。但是，直到我将时间要素与价格运动融合起来之后，我的行情记录才开始对我说话！

从此之后，当我记录每一笔数据的时候，都采用了一种全新方式，这些数据最终使我能够确定关键点的位置，也向我揭示了如何从市场角度运用关键点来获利。从那时起，我已经多次改进自己的计算方法，今天，我所采用的记录方式也能对你说话——只要你让它说。

如果一位投机者能够确定某只股票的关键点，并运用关键点来解释市场动作，就能够有相当的把握建立那种从头开始一直盈利的头寸。

多年以前，我已经开始通过这种最简便的关键点交易法来盈利。我常常观察到，当某只股票的成交价位于50、100、200甚至300美元时，一旦市场穿越这样的点位，则随后几乎总会无可避免地发生直线式的快速运动。

我第一次尝试借助这些关键点获利的例子发生在老伙计森蚰公司的股票上。在其成交价冲过100美元时，我即刻下单买进4000股。几分钟后，直至该股票突破105美元，我的交易指令才告完成。当天，它的成交价后来又上涨了10点，第二天又是一个不同凡响的膨胀过程。在短时间之内，这轮上涨行情持续伸展到高于150美元，中途仅有少数几次幅度为7到8点的正常的向下回撤过程。没有哪一次威胁到关键点100美元。

从那时起，只要有关键点可资参照，我就很少错过这种大场面。当森蚰公司的成交价超过200美元时，我成功地故伎重演；

当它突破 300 美元时，再一次如法炮制。不过这一次，它惯性上冲的幅度没有达到合适的水平。它的最高成交价只有 $302\text{-}^3/_4$ 美元。显然，市场正在闪动危险信号。因此我卖出了我的 8000 股，还算走运，其中 5000 股的卖出价是 300 美元，1500 股的卖出价是 $299\text{-}^3/_4$ 美元。这 6500 股是在不到 2 分钟的时间之内成交的。但是，另外花了 25 分钟才卖出了剩余的 1500 股，都是 100 股一笔或 200 股一笔地成交的，成交价则下降到 $298\text{-}^3/_4$ 美元，这也是当天该股票的收盘价。我自信地判断，如果该股票跌到 300 以下，就将形成一轮快速的下跌过程。第二天早晨，市场上掀起了一阵骚动。森蚺公司的股票在伦敦市场一路下跌，纽约市场开盘时价格低了一大截，几天之后，它的成交价就降到了 225 美元。

在运用关键点来预期市场运动的时候，有一点必须始终牢记，如果该股票在穿越关键点之后没有按照应有的模式运行，就是一个必须密切注意的危险信号。

正如上例所示，森蚺公司穿越 300 美元之后的表现与穿越 100 美元和 200 美元之后的表现全然不同。在那两个场合，当市场向上突破关键点之后，均出现了非常快速的上涨过程，且涨幅达 10 到 15 点。但是这一次，该股票不但没有出现紧俏难买的现象，市场上反而充斥着大量供给——其供给之多，已经使该股票不能维持持续上涨的进程。该股票在 300 美元稍上方的动作清楚地表明，它现在已经变成了一块烫手的山芋，继续持有这只股票是危险的。这清楚地显示，这种情况和一只股票穿越关键点后通常发生的情形大相径庭。

我还记得另一个例子，那时我等待了三个星期才开始买进伯利恒钢铁。1915 年 4 月 7 日，它达到了创纪录的最高价位——87-$\frac{3}{4}$ 美元。我很清楚，股票向上超越关键点后将快速上涨，我很有信心地判断，伯利恒钢铁将突破 100 美元。4 月 8 日，我发出了第一份买入指令，拟从 99 到 99-$\frac{3}{4}$ 美元逐步搜集筹码。同一日，该股票成交价一直上涨到 117 美元的高点。此后，它毫不停顿地一路飞涨，中途只有小幅地向下回撤，直至 4 月 13 日到达 155 美元为止，也就是突破关键点的 5 天之后。这轮涨势非常惊人。本例再次说明，如果某人耐心等待时机来利用关键点交易，就会获得巨大的回报。

伯利恒的故事还没有讲完。在 200 美元、300 美元，我依葫芦画瓢；到了令人眩目的 400 美元，还是外甥打灯笼——照旧（舅）。这里要补充说明，在熊市的情况下，当某只股票向下突破关键点后，我们也可以同样预期到即将发生的情况。我觉得重要的注意事项是，一定要密切观察后续行情的演变。我发现，如果某只股票越过界线后缺乏后续的活力，则市场很容易掉转方向，因此应当机立断，了结原有头寸。

顺便说一句，每次当我失去耐心，不是等待关键点到来的时机，而是胡乱交易企图快快获利的时候，就总是赔钱。

自从那些日子以来，市场上出现了高价股拆细的风潮，相应地，我刚刚介绍的那些机会就不那么经常发生了。然而，我们还可以利用其他方式来确定关键点。举例来说，假定在过去的两到三年里有一只新股票挂牌上市，其最高价为 20 美元，或者其他某个数字，总之这个价格是两到三年前形成的。如果发生了和该公司有关的某种利好事件，且该股票果然开始上升，则等到该股票触及全新高位的那一分钟再买进，通常是一个稳妥的策略。

一只股票上市时可能以 50、60 或 70 美元每股的价格开盘，随后因为被抛售套现而下跌 20 点左右，此后在最高点和最低点之间维持了一年或两年。后来，如果有一天该股票的成交价向下跌破前期历史低点，则很可能形成一轮幅度巨大的下跌行情。为什么？这说明该公司内部必定在某个地方出了岔子。

通过维持股票行情记录，并结合考虑市场的时间要素，你就有能力发现许多关键点，并凭借这些关键点建立头寸，以待快速的市场运动。但是，一定要自我训练，充分认识到借助关键点交易是需要耐心的。你必须投入时间来研究行情记录，必须亲手选择数据、亲手把数据填入记录本，亲手标记市场将在哪些价位到达关键点。

你会发觉，研究关键点的过程就像挖掘金矿，这项工作如此迷人，几乎令人难以置信。你将从出自独立判断的成功交易中体味到一种独特的快感和满足。通过内幕消息或者他人指导或许也能获得利润，但是你会发现，自己独立赢得的利润更能带来巨大的成就感。如果你独立发掘机会，独立自主地交易，耐心守候、密切注视危险信号，就能进入良性的思维轨道。

在本书第九章和第十章，我把自己用来确定关键点的更复杂的方法和利弗莫尔市场准则结合起来，进行了详细解说。

很少有人能够根据偶尔的内幕消息或他人的建议来交易获

利。许多人求人告诉信息，但是他们并不知道怎样使用这些信息。

有一天我参加一个晚会，一位女士纠缠不休，非要给她点买卖建议不可。我一时心软，忍不住告诉她买进一些 Cerro de Pasco，这只股票当天向上突破了一个关键点。从第二天早晨一开盘起，这只股票在一个星期之内总共上涨了 15 点，当中仅有一些无足轻重的回落过程。接下来，该股票的动作发出了危险信号。我想起了那位女士的询问，赶紧让利弗莫尔夫人打电话叫她卖掉。这时我才得知，她想先看看我的消息是不是准确，所以还没买进那只股票呢。猜一猜我有多么吃惊吧。小道消息的世界就是这样摇摆不定。

商品市场常常提供颇为诱人的关键点。可可是纽约可可交易所的交易品种，在绝大多数年份里，这种商品的行情都没有多少投机诱惑力。然而，如果你将投机看成严肃的生意，自然就会留意所有市场，随时寻求大机会。

1934 年，12 月份的可可期权合约在 2 月达到当年最高价 6.23 美元，10 月达到当年最低价 4.28 美元。1935 年，12 月份期权合约在 2 月达到当年最高价 5.74 美元，6 月达到当年最低价 4.54 美元。1936 年，12 月份期权合约的最低价 5.13 美元是在 3 月达到的。但是到了当年 8 月，由于某种原因，可可市场完全变成了另一副模样，强烈的市场活动发生了。当月可可的成交价位于 6.88 美元，这一价位远远高于前两年的最高点，也就是说高于最近的两个关键点。

1936 年 9 月，可可期权合约的成交价达到了 7.51 美元的高度；
10 月，最高价为 8.70 美元；11 月，最高价为 10.80 美元；12 月，
11.40 美元。1937 年 1 月，它创下了新的极端高位——12.86 美元，
也创造了一个历史纪录，在 5 个月的时间之内上涨了 600 点，中
途仅有少数几次不足挂齿的正常回撤过程。

很显然，一定有十分充足的理由才能造成这次急速上涨行
情，因为多年以来可可市场一直仅有一般规模的变动。原因是可
可供给出现了严重短缺。密切注视这些关键点，就为可可市场操
作提供了绝佳机会。

正是在你亲手往行情记录本上记录价格、进而观察到这样的
价格形态时，你的价格记录开始对你说话了。突然之间你会领悟
到，你所描绘的资料正在形成某种特定的形态。你的行情记录正
力求清晰地揭示出正在逐步发展的市场形势。它建议你回顾历史
行情记录，看一看在过去一系列类似条件下市场最终出现了什么
样的重大运动。它正在告诉你，凭着缜密的分析和良好的判断，
你就有能力形成自己的意见。价格形态提醒你，每一场重大市场
运动都仅仅是类似价格运动的重演，正因如此，一旦对过去的价
格动作了然于胸，你就有能力正确预期和应对即将到来的运动，
并从中获利。

我要强调如下事实，我不认为这些行情记录是完美无瑕的，
不过，它们对我的帮助无可替代。我确切地知道，我拥有牢靠的
基础来预期未来运动，任何人只要愿意研究这些记录、亲手维护
记录，在自己的操作过程中就不可能不获利。

　　如果将来有人采用我的记录行情方法从市场上赢得比我更多的利润，我是不会惊讶的。这句话建立在以下前提之上：尽管我是在一段时间之前通过分析自己的行情记录、得出独立结论的，如果有同行现在开始应用这一方法，也完全可能从中轻易地发掘到被我遗漏的新的价值点。说得更清楚一点，我并没有进一步探究新的要点，因为从我过去相当长时间的应用经验来看，现有的这些已经完全满足了我个人的需求。无论如何，其他人或许可以从这里介绍的基本方法出发，发展出新的思路，并针对新目标应用新思路，从而提升这些基本方法的价值。

　　毋庸置疑，如果有人做到这一点，我是不会嫉妒他们的成功的！

HOW TO TRADE IN
STOCKS

第六章

百万美元的大错

这几章的目的是要明确若干一般交易准则。稍后，将要详细讲解将时间要素和价格结合起来的具体准则。

应当指出，这些一般交易准则并不是多余的。太多的投机者听凭冲动买进或卖出，几乎把所有的头寸都堆积在同一个价位上，而不是拉开战线。这种做法是错误而危险的。

请允许我们假定，你想买进某只股票 500 股。第一笔先买进 100 股。然后，如果市场上涨了，再买进第二笔 100 股，依此类推。后续买进的每一笔必然处在比前一笔更高的价位上。

同样的原则也应当应用在卖空的时候。除非是在比前一笔更低的价位卖出，否则绝对不要再卖出下一笔。就我所知，如果遵循这一准则，比采取任何其他方法都能更加接近市场正确的一边。原因就在于，按照这样的程序，所有的交易自始至终都是盈利的。你的头寸的确形成了账面利润，这一事实就是证明你正确的有力证据。

根据我的交易惯例，第一步，你需要估计某只股票未来行情的潜力大小。第二步，你要确定在什么价位入市，这是重要的一步。研究你的价格记录本，仔细琢磨过去几星期的价格运动。事前你已经认定，如果所选择的股票果真要开始这轮运动，则它应当到达某个点位；当它果真到达这个点位时，正是你投入第一笔头寸的时刻。

建立第一笔头寸后，你要明确决定在万一判断错误的情况下，自己愿意承担多大的风险。如果根据这里介绍的理论行事，也许会有一两次你的头寸是亏损的。但是，如果你坚持一贯如此，只要市场到达你认定的关键点就坚持再次入市，那么，一旦真正的市场运动开始，你就势必已经在场内了。简而言之，你不可能丧失机会。

然而，谨慎选择时机是绝对必要的，操之过急则代价惨重。

让我告诉你，有一次我一时心浮气躁，没有选好时机，结果和一百万美元的利润失之交臂。写到这里，我备感羞愧，几乎想把自己的脸转过去。

多年以前，我曾经对棉花强烈看涨。我已经形成了明确意见，认为棉花即将出现一轮很大的涨势。但是，就像常常发生的那样，此时市场本身尚未准备好。然而，我一得出结论，当即一头扑进棉花市场。

我最初的头寸是2万包，以市价买进。这笔指令把原本呆滞的市场刺激得上升了15点。后来，当我的指令中最后100包成交后，市场便开始下滑，24小时之内又回到了我开始买进时的价格。在这个价位上，市场沉睡了多日。最后，我腻烦透了，把手上的货全部卖出，包括佣金在内，损失了大约3万美元。自然，我卖出的最后100包是在向下回撤行情的最低价成交的。

几天之后，该市场再度对我产生了吸引力。它在我脑子里挥之不去，我就是不能改变原先认为该市场即将形成大行情的念头。于是，我再次买进了2万包。历史重演，由于我的买进指令，市场向上跳起来，完事后，又"砰"地一声跌回到起点。等待令我苦恼，因此我又卖出了自己的头寸，其中最后一笔再次在最低价成交。

六周之内，这种代价高昂的操作方式我竟重复了五次，每个来回的损失都在 2.5 万美元至 3 万美元之间。我变得厌恶起自己来。我虚掷了接近 20 万美元，一丁点儿满意的滋味也没尝到。于是，我向自己的经理人下令，让他在我第二天走进办公室之前撤掉棉花行情收报机。我不想到时候禁不住诱惑，再多看棉花市场一眼。这件事实在令人郁闷，然而在投机领域，无论何时都需要保持清醒的头脑，这样的情绪显然于事无补。

那么，到底出什么事了呢？就在我撤掉棉花行情报价机、对棉花市场完全失去兴趣的两天后，市场开始上涨，并且上涨过程一直持续，直至涨幅达到 500 点。在这轮异乎寻常的上涨行情中，中途仅仅出现过一次向下回落的过程，幅度为 40 点。

就这样，我失去了有史以来自己判断出的最有吸引力、把握最牢靠的交易机会之一。总结一下，这次的失败基本上有两个方面的原因。

首先，我没有耐心地等待价格行情的心理时刻的到来，没有等到时机成熟后再入市操作。事先我知道，只有棉花的成交价上升到每磅 $12\text{-}^1/_2$ 美分，才说明它真正进入状态，将向高得多的价位进发。事与愿违，我不曾有那份自制力去等待。我的想法是，一定要在棉花市场到达买入点之前抢先额外多挣一点，因此在市场时机成熟之前就动手了。结果，我不仅损失了大约 20 万美元的真金白银，还丧失了 100 万美元的盈利机会。按照本来的计划，我想在市场超越关键点之后分批聚集 10 万包的筹码，这个计划早就刻在脑子里了。如果照计而行，就不会错失从这轮行情盈利 200 点左右的大机会了。

其次，仅仅因为自己判断失误，就纵容自己动怒，对棉花市场深恶痛绝，这样的情绪和稳健的投机守则是不相适宜的。我的损失完全是由于缺乏耐心造成的，没有耐心地等待恰当的时机来实施预先形成的看法和计划。

犯了错误不要找借口。很久以前，我就学会了这一课，所有的同行都应当学会这一课。坦白承认错误，尽可能从中汲取教益。我们都明白什么时候自己是错误的。市场会告诉投机者什么时候他是错误的，因为那时他一定正在赔钱。在他第一次认识到自己是错误的那一刻，正是了结出市之时，应当接受亏损，尽量保持微笑，研究行情记录以确定导致错误的原因，然后等待下一次大机会的到来。他所关心的，是一段时间的总体结果。

甚至在市场告诉你之前，就能先知先觉地感觉到自己是错误的，这是一种相当高级的判断力。这是来自潜意识的秘密警告，是一种来自投机者内心、建立在市场历史表现之上的信号。有时候，它是交易准则的先遣部队。下面让我来详细解说。

在 20 世纪 20 年代后期的大牛市期间，有时我同时拥有相当大数额的各种股票，并且持有相当长时间。在这期间，自然的向下回撤行情时有发生，但我从来没有对自己的头寸感到过不自在。

　　然而，随着时间推移，迟早有一天当市场收市后我会变得心绪不宁。那天夜里，我一定辗转反侧。总有什么东西在悄悄呼唤我，于是我醒过来，陷入沉思。第二天早晨读报的时候，几乎会感到害怕，似乎某种不祥之兆正在迫近。就在这时，或许我还是发现所有的事情看起来都是玫瑰色的，而我那种奇怪的感觉似乎明显经不起推敲。市场也许开得更高。它表现得很完美。市场或许正处在本轮行情以来的最高位置。想起自己一夜的不安，你也许会笑出声来。然而，我已经知道这没什么可笑的了。

　　因为再过一天，同一个故事就变得面目全非。没有灾难性的坏消息，而只是仅仅因为市场朝某个方向超长期运动之后经常可能形成突如其来的转折点，市场风云突变。这一天，我四脚朝天地乱成一团，不得不快快脱手一大堆头寸。仅仅在一天之前，我还能在离最高的极端价位 2 个点之内轻松抛出所有头寸。然而，这一天，已简直是天壤之别。

　　我相信，许多操作者都曾经有过相似的经历，从市场本身来看似乎一切都被希望点得火红，然而就是此时此刻，精细的内心世界常常已经闪起危险信号。这只是通过对市场长期研究和在市场长期历练而逐渐发展起来的一种特殊敏感。

　　坦率地说，我总是对自己内心的秘密警告持怀疑态度，通常宁愿采用客观的科学准则。但是，事实却一再重复，有时，正当所有事情似乎都一帆风顺时，内心却涌起一种极为不安的感觉，通过密切注意这种感觉，我在很多场合都受益匪浅。

　　这种微妙的间接交易信号很有意思，因为这种前方存在危险的感觉似乎只有那些对市场动作敏感的人才能明显感受到，只有那些让思路紧紧追随科学的市场形态来判断价格运动的人才能明显感受到。对那些普通投机者来说，看涨或看跌的感觉只不过是无意中听来的什么名堂，或是来自某个公开发表的评论。

一定要牢记，在各种市场上投机的人数以百万计，其中只有屈指可数的少数人把全部精力都花在投机上。对于绝大部分人来说，投机只不过是一桩碰运气的事情，而且成本高昂。甚至在那些精明的生意人、专业人员和退休人员看来，这也只是一个副业，因而不肯多费心思。如果不是间或某个经纪人或某个客户给他们提供了什么诱人的内幕消息的话，他们之中绝大多数人都不会买卖股票。

偶尔，某人可能也会开始交易，因为他从在某家大公司董事会任职的朋友那里得到了一条热门的内幕消息。我在这里讲一个假想的例子吧。

假定你和你在某家公司里的朋友在午宴上或者在某个晚会上相遇了。你先聊了一会儿一般的商业话题。后来，你向他打听他们那家名叫"靠不住"的公司的情况。"嗯，生意不错。刚刚走出低谷，前途光明。对呀，它的股票这时候正有吸引力。"

"的确，现在买进是挺好。"他说道，或许一片诚心，"我们的业绩很出色，实际上好多年都没这么好过。吉姆，你肯定还记得，上一次我们生意兴旺时，股票的价格是多少。"

你心动了，迫不及待地吃进这只股票。

每当公司出季报时，都显示当季业绩好过前一季。公司宣布派发额外的红利。股票价格涨了又涨。于是你飘飘然，做起了纸上富贵的美梦。然而，随着时间的推移，该公司业绩开始急剧滑坡。事先没有人通知你。你只知道该股票的价格急速下跌。于是，你急忙打电话给你的朋友。

"是啊。"他答道，"股票已经下跌了相当幅度。但是看起来只是暂时的。营业额稍有下降，看空的人听到这些消息便发难了。主要是空头打压造成的。"

也许他还要说上一大套陈词滥调，却藏起了真正的原因。因为他和他的董事会毫无疑问持有很多股票，自从他们的业务即将严重滑坡的第一个确切征兆出现时起，只要市场还能承受，他们就尽多、尽快地出货。如果告诉你真相，简直就是邀请你和他们竞相卖出，或许还会连带着邀请你们的其他朋友参与这场出货大赛。这几乎已经变成如何自保的问题了。

所以很简单，你的朋友，这位来自公司内部的企业家，为什么很容易告诉你何时应当买进。但是，他不可能也不愿意告诉你何时应当卖出。那样做差不多等于背叛他的董事会。

我竭力劝你总是随身携带一个小笔记本，简略地记下一些有趣的市场信息：你的想法，也许将来有用处；你的思路，可以不时重温；还有你在观察价格运动时体会到的灵感和心得。在这个小笔记本的第一页，我建议你写上——不，最好打印出来：

"提防内幕消息……

一切内幕消息概不例外。"

在投机和投资事业里，成功只属于那些为之尽心尽力的人，这句话说再多次都不过分。天上不会掉馅饼。这就像那个身无分文的流浪汉的故事。饥肠辘辘驱使他壮起胆子，走进餐馆点了一客"大份的、诱人的、厚厚的、带鲜汁的牛排"，还对侍者加上一句："叫你们老板麻利点。"不一会儿，那位侍者慢慢悠悠地走回来，哼哼唧唧道："我们老本（板）说，要是有得（这）样的牛排，他就自个儿次（吃）了。"

即使钱从天上掉下来，也不会有人愣要把它塞进你的口袋。

HOW TO TRADE IN
STOCKS

第七章

300万美元的盈利

　　前一章，我介绍了自己由于不耐心等待时机而错过了一次重大机会，如果抓住这次机会，本来会捕获不俗的利润。现在，我要讲一个成功的例子，这一回我耐心等待事态的进一步发展，直到关键的心理时刻到来。

　　1924 年夏，小麦已经到达我所说的关键点，因此我入市买进，第一笔单子买进 500 万蒲式耳。当时，小麦市场极为庞大，因此在执行这种规模的交易指令时，对价格并没有明显影响。我来告诉你，如果在某只股票上投入这种规模的指令，那相当于买进 5 万股。

　　就在这笔指令执行后，市场立即进入牛皮状态，并持续了数天，但是在这期间从没有跌到关键点之下。后来，市场再度开始上升，并且达到了比前一波高点高几美分的价位。从这个高点开始，出现了一轮自然的回撤，有几天，市场再度进入牛皮状态，最后，上涨的进程又恢复了。

　　一旦市场向上突破下一个关键点，我就发出指令再买进第二笔 500 万蒲式耳。这笔单子的平均成交价比关键点高 $1.00\text{-}\frac{1}{2}$ 美分①，在我看来，这一点清楚地表明，市场正为进入强势状态做好准备。何以见得呢？因为买入第二笔 500 万蒲式耳的过程比第一笔困难得多。

接下来的一天，市场没有像第一笔头寸执行完后那样向下回撤，而是上涨了 3 美分，如果我对市场的分析是正确的话，这正是市场应有的表现。从此以后，小麦市场逐步展开了一轮名副其实的牛市行情。所谓牛市，我指的是市场将要开始长期上升运动，据我估计，它将要持续好几个月的时间。无论如何，我还是没有百分之百地预计到这轮行情的全部潜力。后来，当我有了每蒲式耳 25 美分的利润之后，便清仓套现——坐在一旁，眼睁睁看着市场在几天之内继续上涨了 20 多美分。

此时此刻，我认识到自己已经铸成大错。为什么我要害怕失去那些自己从来没有真正拥有过的东西呢？我太急于求成，太急于将账面利润转换成真正的现金了，本应更耐心一点，鼓起勇气把头寸持有到底。我知道，一旦时机成熟，当市场最终到达某个关键点后，就会向我发出危险信号，并给我留下充裕的时间。

于是，我决定再次入市，重新买进的平均价位大约比第一个回合卖出的价位高了 25 美分。不过，现在我只有勇气投入一笔头寸，相当于我在第一个回合卖出数量的一半。还好，从此以后，

---

① 译者注：在商品期货市场，基本报价单位是美分，因此 1/2、1/4、1/8、1/16 及其倍数的报价指的是美分以下的零头价格，这些基本单位分别相当于 0.5、0.25、0.125、0.0625 美分。"1.00-$^1/_2$"美元表示价格为 1 美元又 0.5 美分，即 1.005 美元，或 100.5 美分。

我就一直持有这笔头寸，直到市场发出危险信号才罢手。

1925 年 1 月 28 日，五月小麦期货合约的成交价达到了每蒲式耳 $2.05\text{-}^7/_8$ 美元的高价位。2 月 11 日，市场回落到了 $1.77\text{-}^1/_2$ 美元。就在小麦市场发生上述不俗上涨行情的同时，还有另一种商品——黑麦，它的上涨行情甚至比小麦还壮观。不过，和小麦市场相比，黑麦市场非常小，因此一笔相对较小的买进指令就会导致价格快速上升。

在上面介绍的操作过程中，我在市场上常常有巨额的投入。其他人也有不相上下的巨额投入。据传，有一位操作者曾经积聚了数百万蒲式耳小麦期货合约，同时还囤积了成千万蒲式耳的现货小麦，不仅如此，为了烘托、支撑他在小麦市场的头寸，他还囤积了巨额的现货黑麦。据说，此人有时还利用黑麦市场来支撑小麦市场，当小麦市场开始动摇的时候，就在黑麦市场下单买进，借此支撑小麦行情。

如前面所说，比较之下，黑麦市场很小、广度很窄，只要执行一笔大额买进指令，就能立即引起一轮快速上涨，而后者不可避免地折射到小麦市场，作用十分显著。无论何时，只要有人采取这种做法，大众就会蜂拥买进小麦，结果小麦的成交价也进入了新高区域。

这个过程一直顺利地持续着，直到主要的市场运动到达终点。当小麦市场向下回落的时候，黑麦市场也亦步亦趋地回落，从其 1925 年 1 月 28 日的最高点 $1.82\text{-}^1/_4$ 美元，下跌到 1.54 美元，跌幅达 $28\text{-}^1/_4$ 美分，与此同时，小麦的回落幅度也达 $28\text{-}^3/_8$

美分。3月2日，五月小麦期权合约回升到距离前期最高点$3\text{-}^7/_8$美分的位置，价格是2.02美元，但是黑麦并没有像小麦那样从下跌中强劲复苏，而是只能回升到$1.70\text{-}^1/_8$美元，此处比其前期最高点低$12\text{-}^1/_8$美分。

这段时间我一直密切注视着这两个市场，上述反差令我受到强烈的震撼，我感觉有什么事情不对头了，因为在整个大牛市期间，黑麦总是必定领先小麦一步。现在，它不但没能领导谷物交易池里的上涨行情，自己反倒落后了。小麦已经收复了这轮不正常回撤的绝大部分跌幅，而黑麦却做不到，大约落下了每蒲式耳12美分。这个动作完全不同于往常。

于是我立即着手研究，意在查明黑麦没有和小麦同比例地向上收复失地的原因。原因很快就水落石出了。公众对小麦市场抱有极大兴趣，但是对黑麦市场并无兴趣。如果黑麦市场行情完全是一人所为，那么为什么突然之间他就忽视了它呢？我的结论是，要么他不再对黑麦有任何兴趣，已经出货离场，要么他在两个市场同时卷入过深，已经没有余力进一步加码了。

我当即认定，无论他是否还留在黑麦场内都没有区别，从市场角度看，两种可能性最终都会导致同样的结果，因此我立即动手检验自己的推论。

黑麦市场的最新报买价是$1.69\text{-}^3/_4$美元，我决意查明黑麦市场的真实状况，就在黑麦市场发出卖出20万蒲式耳的"市价指令"。当我发出指令的时候，小麦市场的报价是2.02美元。在指令完成之前，黑麦每蒲式耳下跌了3美分，在指令完成后2分钟之内，又重新回升到1.68-$\frac{3}{4}$美元。

通过上述交易指令的执行情况，我发现该市场没有太多的买卖指令。然而，我还是不确定到底将要发生什么情况，因此我再次下达指令卖出第二笔20万蒲式耳，结果大同小异——执行指令时，市场下跌了3美分，但是当指令完成后，市场仅仅回升了1美分，而与先前的价格差了2美分。

我对自己的市场状况分析还是心存疑虑，于是发出第三笔指令，再卖出20万蒲式耳。开头还是一样——市场再次下跌，但是这一次，事后却没有回升。市场下跌势头已成，因而继续下降。

那就是我正在观察和等待的秘密警告信号。我自信地判断，如果某人在小麦市场上持有巨额头寸，却由于种种原因没有保护黑麦市场（他的原因到底是什么我并不关心），那么他同样不会或者不能支撑小麦市场。于是，我立即下达"市价指令"，卖出500万蒲式耳五月小麦期权合约。这笔单子的成交价从2.01美元卖到了1.99美元。那一天晚上，小麦收市于1.97美元附近，黑麦收市于1.65美元。我很高兴，因为卖出指令最后成交的部分已经低于2.00美元，而2.00美元属于关键点，市场已经向下突破了这个关键点，我对自己的头寸觉得很有把握。自然，我绝不会对这笔交易产生任何不安。

几天过后，我买回了自己的黑麦头寸。当初卖出只是试验性的操作，目的是探明小麦市场的状态，结果这些头寸带来了25万美元的利润。

与此同时，我继续卖出小麦，直至累计卖空头寸达到了1500

万蒲式耳。1925 年 3 月 16 日，五月小麦期权合约收市于 1.64-$\frac{1}{2}$ 美元；第二天一早，利物浦市场的行情折合美元比美国低了 3 美分，如果按美元价格推算，将导致我们的市场开市于 1.61 美元附近。

这时，我做了一件我的经验告诉我不该做的事，也就是在市场开盘之前下达指定价格的交易指令。然而，情绪的诱惑战胜了理智的判断，我发出指令在 1.61 美元买入 500 万蒲式耳，这个价格比前一天的收市价低 3-$\frac{1}{2}$ 美分。开盘时，成交价格的波动范围从 1.61 美元到 1.54 美元。我对自己说："你明知故犯，活该落得这样的下场。"这一次还是人性的弱点压倒了直觉判断。我毫不怀疑，我的指令将会按照指定的价格 1.61 美元成交，也就是按照当天开盘价格区间的最高点买进。

就这样，当我看到 1.54 美元的价格时，又发出另一份指令，买进 500 万蒲式耳。马上，我就收到一份成交报告："买进 500 万蒲式耳五月小麦，成交价 1.53 美元。"

我再次下达指令买进 500 万蒲式耳。不到一分钟，成交报告就来了。"买进 500 万蒲式耳，成交价 1.53 美元，"我自然以为我的第三笔买进指令的成交价是 1.53 美元。随后，我要到了第一笔交易指令的成交报告。下面就是经纪商交给我的成交报告：

向您报告，买进第一笔 500 万蒲式耳，完成您的第一份指令。

向您报告，买进第二笔 500 万蒲式耳，完成您的第二份指令。

以下是您第三份指令的成交报告：

350 万蒲式耳	成交价	153
100 万蒲式耳	成交价	$153\text{-}\frac{1}{8}$
50 万蒲式耳	成交价	$153\text{-}\frac{1}{4}$

当天的最低价是 1.51 美元，第二天小麦已经回到 1.64 美元。在我的经验里，这是我头一次收到这种性质的限价指令成交报告[①]。我发出的指令是按照 1.61 美元的价格买进 500 万蒲式耳——市场开盘价位于 1.61 美元，并形成了从 1.61 至 1.54 美元的巨幅波动范围，最低点比我的报买价低 7 美分，这个差距意味着 35 万美元的来去。

不久之后，我去芝加哥办事，便找机会询问负责处置我的交易指令的那位先生，为什么我的第一份限价指令执行得这样漂亮，到底是怎么回事。他告诉我，当时他碰巧知道有一单卖出 3500 万蒲式耳的"市价指令"。他意识到，由于这笔卖单，不论开盘价有多低，开盘后总会有大量的小麦要在开盘价附近卖出，因此他只是等着，直到开盘行情的价格区间形成后才将我的指令按"市价"投入场内。

他叙述道，如果不是我的那些买单及时到达交易池内，市场可能会从开盘的水平继续向下急剧突破。

这次交易最终的结果是净盈利 300 万美元以上。

这个例子表明了在投机性市场允许卖空机制的价值，因为持

　　[①]　译者注：利弗莫尔的限价交易指令指定在 1.61 买入，实际成交价是 1.53，因此喜出望外。上面的两份成交报告分别都是前一次指令的成交结果，而作者当时以为是与后两笔对应的，所以回头向经纪商要第一份报告。

有卖空头寸的人会变成主动买入者，一旦发生恐慌，主动买入者便可发挥市场极度需要的稳定作用。

现在这类操作方式已经不可能了，因为商品交易管理委员会将任何个人在谷物市场上持有头寸的总额限制在 200 万蒲式耳以内，此外，虽然在股票市场上并没有限制个人的头寸总额，但是按照现行的卖空规定，操作者同样不可能建立大规模的空头头寸。

因此我认为，老式投机者的日子已经一去不返。将来，他们的位置会被"半投资者"① 取代，这些人没有能力在市场上快速集聚如此之巨的利润，但是能够在一段时间内获得更多的利润，并且能够保住利润。我坚信，未来成功的"半投资者"将仅仅在关键的市场心理时刻入市操作，并且最终能够从每一轮不同规模的市场运动中获得更高比例的盈利，比纯粹的投机操作者历来所获都要多得多。

未来属于那些聪明、信息灵通、耐心的投机者。

---

① 译者注：作者可能指将来的市场参与者将采取介于投机和投资之间的投资方式。

HOW TO TRADE IN
STOCKS

第八章

利弗莫尔市场分析法

多年以来，我将自己的人生完全奉献给了投机事业。现在，我终于领悟到，股票市场没有任何新花样，价格运动一直重复进行，尽管各种股票的具体情况各有不同，但是它们的一般价格形态是完全一致的。

正如前面所说，我感受到一种迫切的需要，即采取适当的价格记录，使之成为预测价格运动的指南。我以极大的热情投入这项工作。后来，我开始努力寻求一个出发点，来帮助我预期未来的市场运动。这并非易事。

现在回头来看往日这些初步的尝试，就能理解为什么当时不能马上取得成果了。当时，我满脑子都是投机意识，我的目的是要制定一种策略，终日在市场里买进卖出，捕捉小规模的日内变动。这是不对的，幸亏我及时清醒地认识到这个错误。

我继续维持自己的行情记录，对其中真正包含的价值充满信心，相信这些价值只待自己去挖掘。经过长期努力，其中的秘密终于渐渐展现出来。我的行情记录明白地告诉我，它们不会帮助我追逐小规模的日内波动。但是，只要我瞪大眼睛，就能看到预告重大运动即将到来的价格形态正在形成。

从此以后，我决定抹去所有微小波动。

通过持续、密切地研究多种多样的行情记录，我终于认识到，如果要对即将到来的重大运动形成正确的预期，时间要素是至关重要的。于是，我浑身是劲，集中研究市场这方面的特性。我力图发现一种方法，来识别构成较小波动的成分。我意识到，即使市场处于明显趋势之中，其中也会包含许多小规模的振荡过程。过去它们令人迷惑，但是，现在对我已经不是什么问题了。

我打算弄清楚自然的回撤行情或者自然的回升行情其初始阶段是怎么构成的。因此，我开始测算价格运动的幅度。起初，我计算的基本单位是一个点。这不合适。后来是两个点，以此类推，直到最终得到结论，了解到构成自然的回撤行情或者自然的回升行情初始阶段的反向波动幅度。

为了便于说明，我印制了一种特别设计的表格纸，排列出不同的列，通过这样的安排来构成我所称的预期未来行情的地图。每一只股票的行情都占六列。其价格按照一定的规则分门别类记录在每一列内。这六列的标题如下。

第一列的标题是次级回升。

第二列的标题是自然回升。

第三列的标题是上升趋势。

第四列的标题是下降趋势。

第五列的标题是自然回撤。

第六列的标题是次级回撤。

如果把价格数据记录在上升趋势一栏，则用黑墨水填入。在其左面的两列里，都用铅笔填写。如果把价格数据记录在下降趋势一栏，则用红墨水填入。在其右侧的两列，也都用铅笔填写。

这样一来，不论我将价格数据记录到上升趋势一列，还是记录到下降趋势一列，都能够对当时的实际趋势形成强烈印象。把那些数据用墨水颜色明显地区分，它就会对我说话。不论是红墨水还是黑墨水，一旦持续使用，就会明明白白地讲出一个故事。

如果总是用铅笔记录行情，我就会意识到，现在记录的只不过是自然的振荡。（后面我将展示我的记录，请注意，书上用黑色印刷的数字就是我在自己的表格上用铅笔记录的数字。）

我断定，在某只股票价格达到30美元或更高的情况下，仅当市场从极端点开始回升或回落了大致6点的幅度之后，才能表明市场正在形成自然的回升过程或自然的回撤过程。这一轮回升行情或者回撤行情并不意味着原先的市场趋势正在发生变化，只是表明市场正在经历一个自然的运动过程。市场趋势与回升或回落行情发生之前完全一致。

请让我解释一下，我并不把单只股票的动作看作整个股票群趋势变化的标志。为了确认某个股票群的趋势已经明确改变，我通过该股票群中两只股票的动作组合起来构成整个股票群的标志，这就是组合价格。也就是说，把这两只股票的价格运动结合起来，得出我所谓的"组合价格"。我发现，单只股票有时候能够形成足够大的价格运动，大到足以写入记录表中的上升趋势栏或下降趋势栏。但是，如果仅仅依赖一只股票，就有卷入假信号的危险。将两只股票的运动结合起来，就能获得基本的保障。因此，趋势改变信号应当从组合价格变动上得到明确的验证。

现在让我来阐述这一组合价格方法。我将严格坚持以 6 点运动准则作为判断依据。你会注意到，在我下面列举的记录中，有时候美国钢铁的变化仅有 5-$\frac{1}{8}$ 点（举例来说），与此同时伯利恒钢铁的相应变化则可能有 7 点，在这种情况下，我也把美国钢铁的价格记录在相应栏目内。原因是，把两只股票的价格运动组合起来构成组合价格，两者之和达到了 12 点或更多，正是所需的合适幅度。

当运动幅度达到一个记录点时——也就是说两只股票平均都运动了 6 点时，从此之后，我便在同一列中接着记录此后任一天市场创造的新极端价格，换言之，在上升趋势的情况下，只要最新价格高于前一个记录便列入记录；在下降趋势的情况下，只要最新价格低于前一个记录便列入记录。这个过程一直持续到反向运动开始。当然，后面这个朝着相反方向的运动，也是基于同样的原则来认定的，即两只股票的反向运动幅度达到平均 6 点、组合价格达到合计 12 点的原则。

你会看出，从那时起我从没有偏离过这些点数。从不例外。如果结果不是我所需要的，也绝不找借口变通。请记住，我在行情记录中写下的这些数字并不属于我个人。这些点是否满足，是由当日交易过程中的实际价格运动所决定的。

如果我宣称自己的价格记录方式已经达到了尽美尽善的地步，那就太自以为是了。那样说会造成误导，是不真诚的。我只能说，经过多年的检验和磨练，我觉得自己已经接近了某种境界，可以凭借这种境界来维持行情记录。从这些记录出发，我们就能够获得一张形象化的地图，并利用它来判定即将到来的重大价格运动。

先哲曾说过，机不可失，时不再来。

毫无疑问，能否按照这样的设想来取得成功，取决于当行情记录发出行动信号时你行动的勇气和果决。没有任何犹豫的余地。你必须照着这条路子训练自己的意志。如果你还要等什么人来给你解释解释，或者告诉你理由，或者给你打气，行动的时机就已经溜走了。

试举例说明。若干年前，正当所有股票都经历了一场快速上涨行情后，欧洲战事爆发了，于是整个市场都发生了自然的回撤。后来，那四个显要股票群里的所有股票都收复了全部的回落幅度，并且再创新高——除了钢铁类股票之外。

在这种情况下，只要按照我的方法坚持做行情记录，任何人都会把注意力全部转移到钢铁类股票的表现上来。此时此刻，必须找出充分的理由，才足以解释钢铁类股票没有和其他股票群一道继续上涨的原因。是有很好的理由！遗憾的是，当时我并不知道这个理由，因此我很疑惑，以为没人能够做出合理的解释。无论如何，记录行情的人都能看出，钢铁类股票的表现说明该群体的上升运动已经终结了。直到1940年1月中旬，也就是4个月之后，有关事实才被公开，钢铁股的上述表现才算得到了解释。有关方面发布了一则公告，说那时英国政府卖出了超过 10 万股美国钢铁公司的股票，与此同时，加拿大政府也卖出了 2 万股。当这则公告发布时，美国钢铁的股价比它在 1939 年 9 月创造的最高价低了 26 点，伯利恒钢铁则低了 29 点，相比之下，其他三个显要股票群中的股票仅仅比它们和钢铁类股票同期达到的最高价位下降了 $2\text{-}^1/_2$ 到 $12\text{-}^3/_4$ 点。

这一事例证明，在你本当买进或卖出某只股票时，力图先找出"好理由"的做法是荒唐的。如果你一定要等弄明白那个理由后才动手，就会错失良机，未能在适当时机采取适当行动！投资者或投机者所需了解的惟一理由，从来都是仅在市场表现本身。无论何时，只要市场的动作不对头，或者没有按照应有的方式动作——这就是充分的理由，足以让你改变自己的意见，而且要立即改变。诚然，一只股票之所以有这样那样的动作，总是自有它的理由。然而，更值得铭记在心的是，情况往往是这样的，直到未来某个时点之后，你才能了解各种情由，而那时一切都已经太晚，再也不可能从中获利了。

我重复一遍，如果你打算利用重大市场运动中途的微小波动来做额外的交易，那么这里的准则是没有什么帮助的。这套准则的目的在于捕捉重大市场运动，揭示重大行情的开端和终结。就此目的而言，如果你诚心奉行这套准则，就会发现它们的确具有独到的价值。或许我还可以重申，本准则的对象是价格在 30 美元以上的活跃股。虽然其基本原则同样适用于预期所有股票的未来变化，但是如果研究价格极低的股票，就应对准则进行适当调整。

其中并没有什么复杂之处。要是你感兴趣，很快就能接受后面各个阶段的内容，并且很容易理解它们。

HOW TO TRADE IN
STOCKS

第九章

利弗莫尔操盘规则

规则1，在上升趋势栏记录价格时，用黑墨水。

【译者注释】① 这套规则的目的是及时识别主要的上升趋势和下降趋势。西方股市偏好用黑色表示上升，红色表示下跌。

规则2，在下降趋势栏记录价格时，用红墨水。

规则3，在其余栏记录价格时，用铅笔（在本书的图中实际是蓝色的，这是印刷的需要）。

【译者注释】其他栏目之所以用铅笔记录，既是为了突出主要趋势，也有临时处置的意思。

规则4（a），当你开始在自然回撤栏记录数据时，第一天要同时在上升趋势栏最后一个数据下标两条红线。当市场发生回落行情、且下跌幅度距离上升趋势栏最后一个数字约6点时，开始转换记录栏。

【译者注释】之前是在上升趋势栏中记录，上升趋势行情曾不断创新高，所记录的数字也是迭创新高。在上升趋势栏中记录的都是每次创新高的行情数字，其他小波动都被忽略掉了。

按照利弗莫尔的6点转向规则，只有当市场当前价格回落到距离上升趋势栏最后一个数字（亦即当前上升趋势的最高点）6

---

① 限于当时的技术条件，利弗莫尔主要对行情数字流进行跟踪分析，不是图线。现代投资者更熟悉图线，为了便于读者理解，译者为本章介绍的各项原则添加了注释和图例。译者的理解不一定完全符合利弗莫尔的本意，请以正文为准，并请不吝赐教。

个点以上后，才说明市场开始自然回撤，从此要把行情数据记录到自然回撤栏中。

在上升趋势栏最后一个数据下标两条红线，因为那是上升趋势前期最高点，现在成了市场上方的标志性水平——利弗莫尔所说的关键点之一。

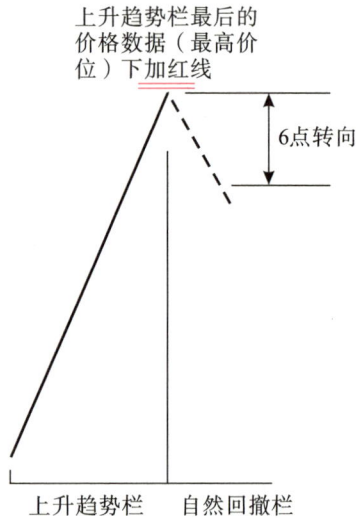

上升趋势栏最后的
价格数据（最高价
位）下加红线

6点转向

上升趋势栏　　自然回撤栏

规则 4（a）

规则 4（b），当你开始在自然回升栏或上升趋势栏记录数据时，第一天要同时在自然回撤栏最后一个数据下标两条红线。当市场发生回升行情且上升幅度距离自然回撤栏最后一个数字约 6点时，开始转换记录栏。

【译者注释】市场原本处在自然回撤状态，所记录的数字当然都是相继创新低的，其他小波动都被忽略掉了。

一旦市场从自然回撤阶段的最低点起向上回升的幅度达到 6

点，则判断市场已经脱离了自然回撤状态，进入自然回升状态或者上升趋势恢复。转换记录栏，其实就是识别和标注新到来的行情。

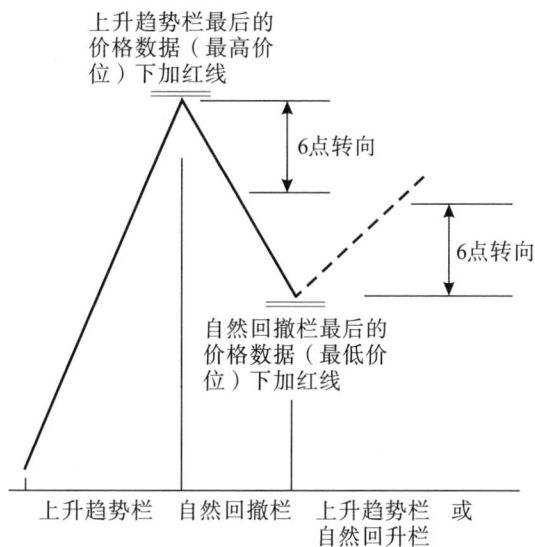

上升趋势栏最后的
价格数据（最高价
位）下加红线

6点转向

6点转向

自然回撤栏最后的
价格数据（最低价
位）下加红线

上升趋势栏　自然回撤栏　上升趋势栏　或
自然回升栏

规则 4（b）

之前自然回撤栏最后一个数字，就是自然回撤阶段的最低价，这是利弗莫尔所说的另一个关键点。

现在你已经有两个关键点可供观察，根据市场在这两点附近的表现，就能够形成自己的判断，到底原有的趋势确实即将恢复——还是原来的市场运动已经告终。

【译者注释】在上升趋势进入调整状态后，先有上升趋势前期最高点，再有调整阶段的最低点，两个关键点共同形成了调整阶段的价格区间。

一般地，如果市场向上突破上升趋势前期最高点、重新创新高，则说明调整阶段结束、上升趋势恢复；如果市场向下跌破调整阶段的最低点、创出新低，并且创新低的幅度达到一定数值，则说明市场顶部过程已经完成，原先的上升趋势已经告终。

上图的水平红线标注的就是调整阶段的价格区间。

规则 4（c），当你开始在自然回升栏记录数据时，第一天要同时在下降趋势栏最后一个数据下标两条黑线。当市场发生回升行情且上升幅度距离下降趋势栏最后一个数字约 6 点时，开始转换记录栏。

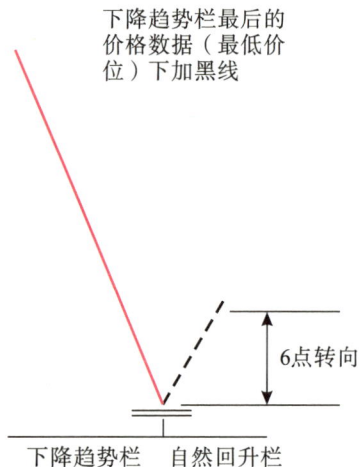

下降趋势栏最后的
价格数据（最低价
位）下加黑线

6点转向

下降趋势栏　　自然回升栏

规则 4（c）

【译者注释】之前是在下降趋势栏中记录的，下降趋势行情曾不断创新低，所记录的数字也是迭创新低。在下降趋势栏中记录的都是每次创新低的行情数字，其他小波动都被忽略掉了。

按照利弗莫尔的 6 点转向规则，仅当市场当前价格回升到距离下降趋势栏最后一个数字（亦即当前下降趋势的最低点）6 个点以上后，才说明市场开始自然回升，从此要把行情数据记录到自然回升栏中。

在下降趋势栏最后一个数据下标两条黑线，因为那是下降趋势前期最低点，现在成了市场下方的标志性水平——利弗莫尔所说的关键点之一。

规则 4（d），当你开始在自然回撤栏或下降趋势栏记录数据时，第一天要同时在自然回升栏最后一个数字下标两条黑线。当市场发生回落行情且下降幅度距离自然回升栏最后一个数字约 6 点时，开始转换记录栏。

【译者注释】市场原本处在自然回升状态，所记录的数字当然都是相继创新高的，其他小波动都被忽略掉了。

一旦市场从自然回升阶段的最高点向下回落的幅度达到 6 点时，则判断市场已经脱离自然回升状态，进入自然回撤状态或者下降趋势恢复。

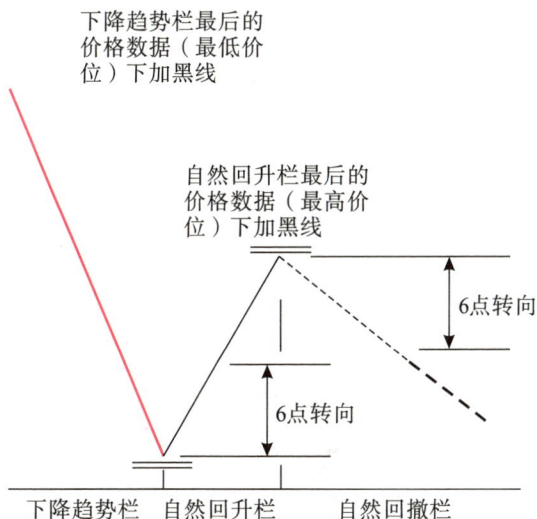

下降趋势栏最后的价格数据（最低价位）下加黑线

自然回升栏最后的价格数据（最高价位）下加黑线

6点转向

6点转向

下降趋势栏　自然回升栏　自然回撤栏

规则 4（d）

之前自然回升栏的最后一个数字就是自然回升阶段的最高点位，这是利弗莫尔所说的另一个关键点。

在下降趋势进入调整状态后，先有下降趋势前期最低点，再有调整阶段的最高点，两个关键点共同形成了调整阶段的价格区间。

一般地，如果市场向下突破下降趋势前期最低点、再创新低，则说明调整阶段结束、下降趋势恢复；如果市场向上突破调整阶段的最高点、创出新高，并且创新高的幅度达到一定水平，则说明市场底部过程已经完成，原先的下降趋势已经告终。

上图的水平黑线标注的就是调整阶段的价格区间。

规则 5（a），如果正在自然回升栏记录数字，最新到来的价格比自然回升栏内用黑线标记的最后一个价格高 3 点或更多，那么该价格就应当用黑墨水记入上升趋势栏。

【译者注释】这是在趋势进入调整阶段后，进一步判断趋势逆转的 3 点突破规则。

在自然回升栏内用黑线标记的最后一个价格就是调整阶段价格区间的最高点，如果后来市场上涨超过了该水平，且超越的幅度达到 3 点或更多，则说明底部形态已经形成，市场已经从下降趋势逆转为上升趋势。

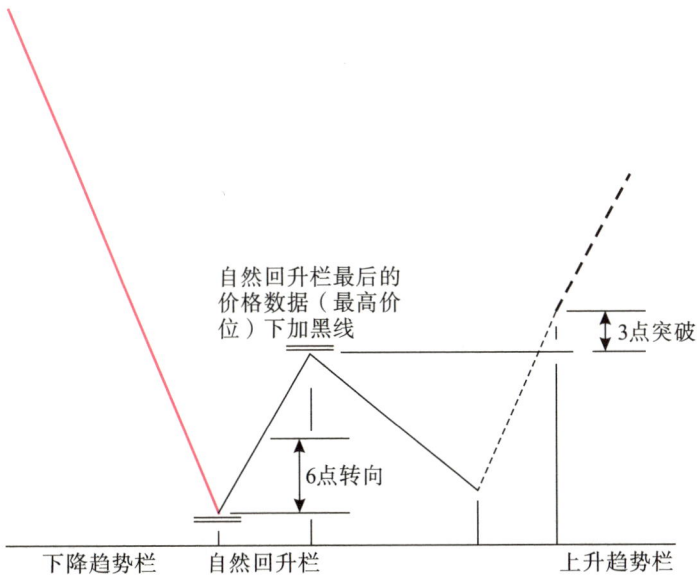

自然回升栏最后的
价格数据（最高价
位）下加黑线

3点突破

6点转向

下降趋势栏　　自然回升栏　　　　　　上升趋势栏

规则 5（a）

规则 5（b），如果正在自然回撤栏记录数字，最新到来的价格比自然回撤栏内用红线标记的最后一个价格低 3 点或更多，那么该价格就应当用红墨水记入下降趋势栏。

【译者注释】这同样是判断趋势真正逆转的 3 点突破规则。

在自然回撤栏内用红线标记的最后一个价格就是调整阶段价格区间的最低点，如果后来市场跌破了该水平，且跌破的幅度达到 3 点或更多，则说明顶部形态已经形成，市场从上升趋势逆转为下降趋势。

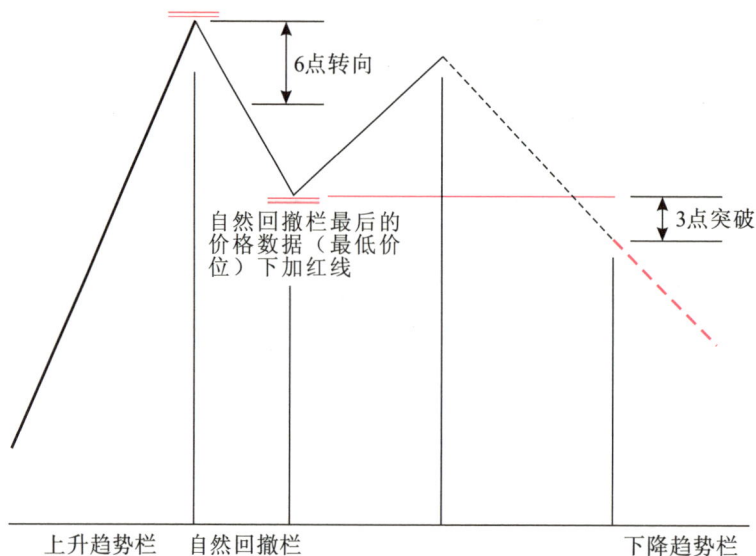

6点转向

自然回撤栏最后的
价格数据（最低价
位）下加红线

3点突破

上升趋势栏　　　自然回撤栏　　　　　　　　　　　　下降趋势栏

规则 5（b）

规则 6（a），如果正在上升趋势栏记录价格，新发生的回落过程达到了大约 6 点的幅度，则转到自然回撤栏记录这些价格，此后每一天，只要该股票的价格低于自然回撤栏最后记录的价格，就继续在该栏记录。

【译者注释】以下是对前几条规则的补充说明。

在上升趋势中，只要市场持续创新高，则判断上升趋势持续；或者，虽然市场未持续创新高，但市场波动的范围距离前期最高点不超过 6 点，也判断上升趋势持续。仅当市场未持续创新高，且向下波动的范围比前期最高点达到或超过 6 点后，才判断上升趋势转入自然回撤阶段。

在自然回撤阶段，只要市场持续创新低，就继续在本栏记录新低价格。换言之，自然回撤栏中记录的是市场连续下跌的过程。

规则 6（b），如果正在自然回升栏记录价格，新发生的回落过程达到了大约 6 点的幅度，则转到自然回撤栏记录这些价格，此后每一天，只要该股票的价格低于自然回撤栏最新记录的价格，就继续在该栏记录数据。如果正在下降趋势栏记录价格，则只要新价格低于下降趋势栏内最后记录的价格，就继续在下降趋势栏记录。

【译者注释】如果市场原本处在自然回升阶段，当价格向下波动的幅度距离前期高点达到了 6 点时，则判断市场转入自然回撤阶段，之后只要价格持续创新低，则判断自然回撤阶段持续，继续在自然回撤栏记录。

如果市场原本处在下降趋势中，只要价格持续创新低，则判断下降趋势持续，继续在下降趋势栏记录。

规则 6（c），如果正在下降趋势栏记录数字，新发生的回升过程达到了大约 6 点的幅度，则转到自然回升栏记录这些价格，此后每一天，只要该股票的价格高于自然回升栏内最后记录的价格，就继续在该栏记录。

【译者注释】这是判断下降趋势是否持续的 6 点转向规则。在下降趋势中，只要市场持续创新低，则判断下降趋势持续；或者，虽然市场未持续创新低，但市场波动的范围距离前期最低点不超过 6 点，也判断下降趋势持续。仅当市场未持续创新低，且向上波动的范围比前期最低点达到或超过 6 点后，才判断下降趋势转入自然回升阶段。

在自然回升阶段，只要市场持续创新高，就继续在本栏记录新高价格。换言之，自然回升栏中记录的是市场连续上涨的过程。

规则 6（d），如果正在自然回撤栏记录数据，新发生的回升过程达到了大约 6 点的幅度，则转到自然回升栏记录这些数据，此后每一天，只要该股票的价格高于自然回升栏内最后记录的价格，就继续在该栏记录。如果正在上升趋势栏记录价格，则只要新出现的价格高于上升趋势栏内最后记录的价格，就继续在上升趋势栏记录。

【译者注释】如果市场原本处在自然回撤阶段，当价格向上波动的幅度距离前期低点达到了 6 点，则判断市场转入自然回升阶段，之后只要价格持续创新高，则判断自然回升阶段持续，继续在自然回升栏记录。

如果市场原本处在上升趋势中，只要价格持续创新高，则判断上升趋势持续，继续在上升趋势栏记录。

规则 6（e），当你开始在自然回撤栏记录数据时，如果新出现的价格低于下降趋势栏内最后记录的数字，则应当将这个价格用红墨水记录在下降趋势栏。

【译者注释】原本判断市场处在自然回撤状态，但是如果市场持续创新低，跌破了下降趋势栏记录的最低点，则应当调整判断，认为市场处于下降趋势。

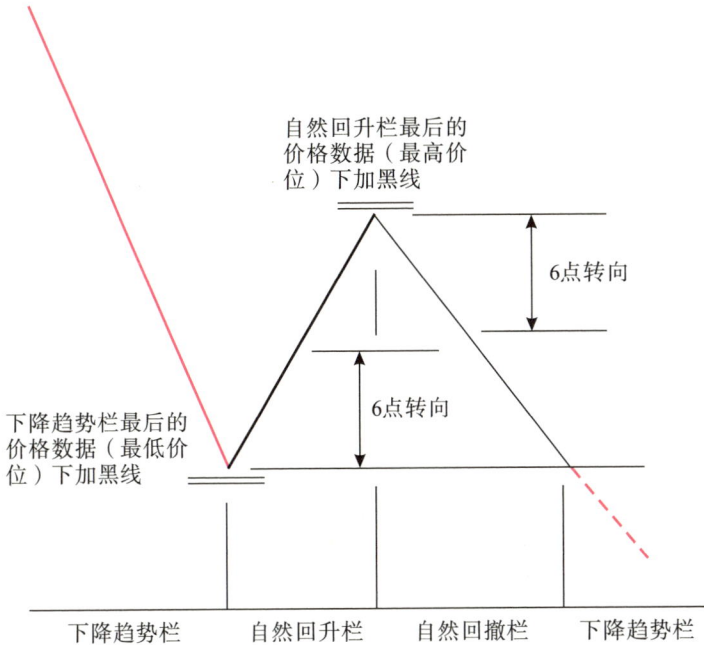

自然回升栏最后的
价格数据（最高价
位）下加黑线

6点转向

下降趋势栏最后的
价格数据（最低价
位）下加黑线

6点转向

下降趋势栏　　自然回升栏　　自然回撤栏　　下降趋势栏

规则 6 (e)

规则 6（f），与上述规则相同，当你开始在自然回升栏记录数据的时候，最新出现的价格高于上升趋势栏内最后记录的价格，则停止在自然回升栏的记录，将这个价格用黑墨水记录在上升趋势栏。

【译者注释】原本判断市场处在自然回升状态，但是市场持续创新高，向上突破了上升趋势栏记录的最高点，则应当调整判断，认为市场处于上升趋势。

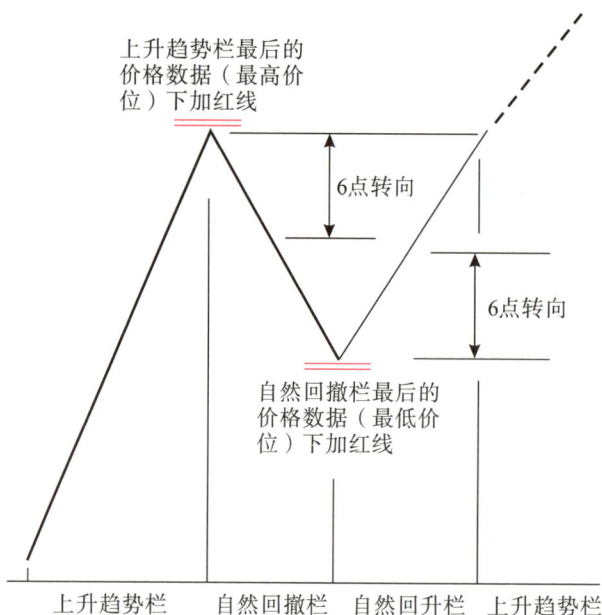

上升趋势栏最后的价格数据（最高价位）下加红线

6点转向

6点转向

自然回撤栏最后的价格数据（最低价位）下加红线

上升趋势栏　　自然回撤栏　　自然回升栏　　上升趋势栏

规则 6（f）

规则 6（g），如果正在自然回撤栏记录数据，一个回升过程幅度达到了距离自然回撤栏内最后记录的数据大约 6 点——但是，这个价格并没有向上超过自然回升栏内最后记录的价格——就应当将这个价格记录在次级回升栏，此后始终在该栏记录，直到最新成交价格向上超越了自然回升栏内最后记录的数据。当后面这种情况发生时，就应当重新转到自然回升栏记录数据。

【译者注释】当市场处于横向调整过程时，往往会在价格区间范围内上下往返多次。对于横向调整过程中的多次往返也遵循 6 点转向规则来转换记录栏。

98

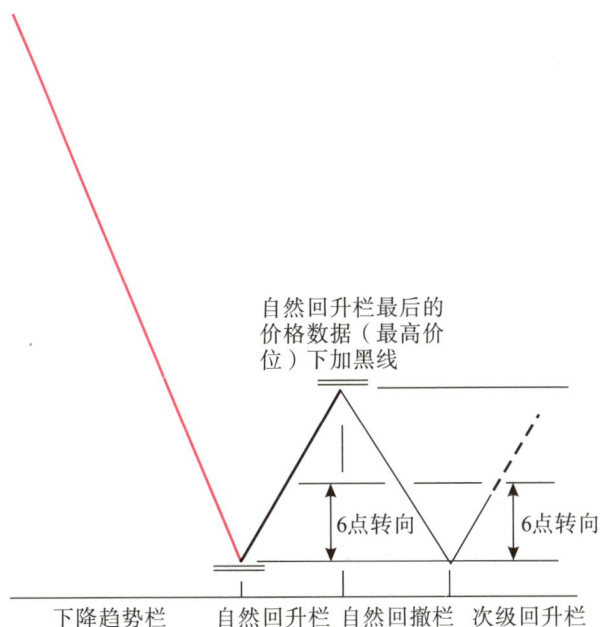

自然回升栏最后的
价格数据（最高价
位）下加黑线

6点转向　　6点转向

下降趋势栏　　自然回升栏　自然回撤栏　次级回升栏

规则 6（g）

原先市场处于自然回撤阶段，但行情向上波动，距离自然回撤阶段的低点达到了 6 点，符合 6 点转向规则，应当转换记录栏。不过，行情并没有向上超越自然回升阶段的高点，不能在自然回升栏中刷新记录，因此将上述行情记录到次级回升栏——判断其属于次级回升行情。

如果次级回升行情达到的高度超越了自然回升栏的高点，则判断行情属于自然回升阶段，回到自然回升栏刷新其最高点记录。不过，根据规则 5（a），向上超越的幅度不可以超过 3 点，否则属于主要趋势逆转。

规则 6（h），如果正在自然回升栏记录数据，一个回落过程

99

达到了大约 6 点的幅度，但是回落行情所及的价格并不低于自然
回撤栏中最后记录的数字——就应当将这个价格记录到次级回撤
栏，此后始终在该栏记录，直到最新成交价低于自然回撤栏内最
后记录的价格。当后面这种情况发生时，就应当重新转到自然回
撤栏记录数据。

【译者注释】原先市场处于自然回升阶段，但行情向下波动，
距离自然回升阶段的高点达到了 6 点，符合 6 点转向规则，应当
转换记录栏。不过，行情并没有向下跌破自然回撤阶段的低点，
不能在自然回撤栏中刷新记录，因此将上述行情记录到次级回撤
栏——判断其属于次级回撤行情。

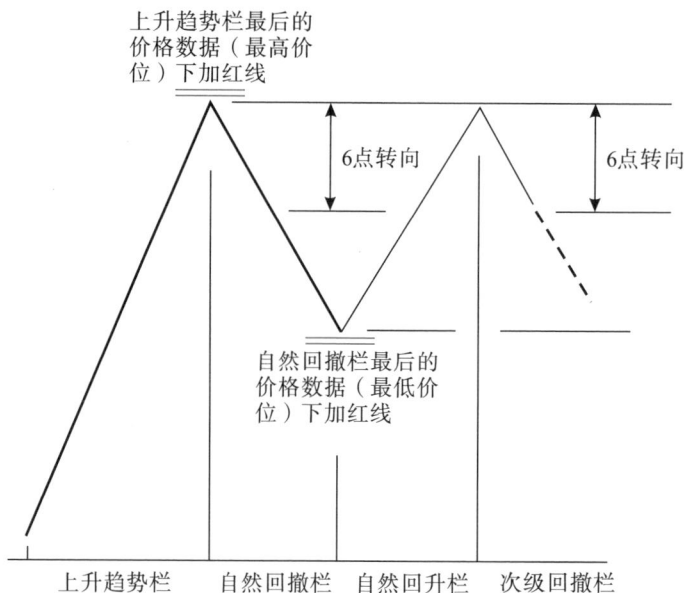

规则 6（h）

如果次级回撤行情下跌的程度超越了自然回撤栏的低点，则判断行情属于自然回撤阶段，回到自然回撤栏记录。不过，根据规则 5（b），向下超越的幅度不可以超过 3 点，否则属于主要趋势逆转。

规则 7，同样的原则也适用于记录组合价格——不过这里以 12 点作为基础，而在单只股票情况下以 6 点为准。

规则 8，一旦在自然回升栏或者自然回撤栏开始记录，则下降趋势栏或上升趋势栏中最后记录的价格立即成为关键点。在一段回升行情或回落行情结束后，我们在相反的栏目中重新开始记录数据，此时，先前栏目中记录的极端价格就成为另一个关键点。

正是在上述两个关键点形成后，这些行情记录具有了极大价值，可以帮助你正确预测下一轮重大运动。这些关键点的下方标有两道红色或黑色墨水线，以吸引你的注意力。标注这些线的目的很明确，就是要将这些点始终放在你眼前，无论何时，只要最新成交价格位于在这些点附近，就应当十分谨慎地密切关注市场。你的决策取决于此后的价格记录。

规则 9（a），当你在下降趋势栏看到用红墨水记录的最后价格下方标注了黑色线时，你也许会在该点附近得到买进信号。

【译者注释】在下降趋势持续过程中，间断地发生回升行情，趋势进入调整阶段。

在这种情况下，首先，我们要关注下降趋势恢复的信号；其次，要关注下降趋势逆转为上升趋势的信号。

黑线标记的价格是下降趋势的前期低点，向下突破，则下降趋势恢复；不能向下突破，则可能是下降趋势转向的警告信号。后者是作者所说的"也许会在该点附近得到买进信号"。

规则 9（b），如果在自然回升栏看到某个价格下方标注了黑色线，那么当该股票在下一轮上涨过程中接近了该关键点价位时，正是发现市场到底是否足够坚挺、是否能够明确改变路线进入上升趋势的时机。

【译者注释】黑线标记的价格是下降趋势调整阶段的前期高点，向上突破，则下降趋势逆转为上升趋势。

规则 9（c），反之亦然。当你在上升趋势栏看到用黑墨水记录的最后价格下方标有红线时，或者当你在自然回撤栏看到最后价格下方标有红线时，同样的道理也适用，只是方向相反。

【译者注释】在上升趋势持续过程中，间断地发生回升行情，趋势进入调整阶段。

在这种情况下，首先，我们要关注上升趋势恢复的信号；其次，要关注上升趋势逆转为下降趋势的信号。

规则 10（a），设计这一整套方法的目的是让我们有能力看清楚，当某只股票首次出现自然回升或自然回撤现象后，其后续动作到底是否属于原趋势状态的应有表现方式。如果原先的市场运动以明确的方式恢复，则不论上升还是下降，市场都会突破先前的关键点——对于单只股票来说，突破的幅度应为 3 点，在组合价格的情况下，突破的幅度应为 6 点。

【译者注释】在趋势进入调整阶段后，对行情常规的预期是原趋势恢复，这是规则 6 (f) 的情形。

规则 10 (b)，在上升趋势的情况下，如果该股票未能做到这一点，并且在一轮回落行情中，下跌到最新的关键点（记录在上升趋势栏，数字下方标有红线）之下 3 点或更多，则可能表明该股票的上升趋势已经结束。

【译者注释】如果原趋势未能如常恢复，则焦点转向另一个关键点。请参见规则 5 (b)。

规则 10 (c)，将上述原则应用到下降趋势，如果下降趋势以明确的方式恢复，则在一轮自然回升行情结束后，新价格必须向下伸展到最新的关键点（数字下方标有黑线）之下 3 点或更多，新价格将记录在下降趋势栏。

【译者注释】请参见规则 6 (e)。

规则 10 (d)，如果该股票未能做到这一点，并且在一轮回升行情中，市场上升到最新关键点（记录在下降趋势栏，数字下方标有黑线）之上 3 点或更多，则可能表明该股票的下降趋势已经结束。

【译者注释】请参见规则 5 (a)。

规则 10 (e)，如果正在自然回升栏记录数据，但当前回升行情在上升趋势栏的最新关键点（其下方标有红线）之下、接近该关键点的价位中止，并且该股票从这一点开始向下回落 3 点或更多，则构成一个危险信号，表明该股票的上升趋势可能已经终结。

【译者注释】在上升趋势调整阶段，先是回升行情未能挑战

前期高点，再下挫 3 点以上，则可能构成了上升趋势即将逆转的
警告信号。

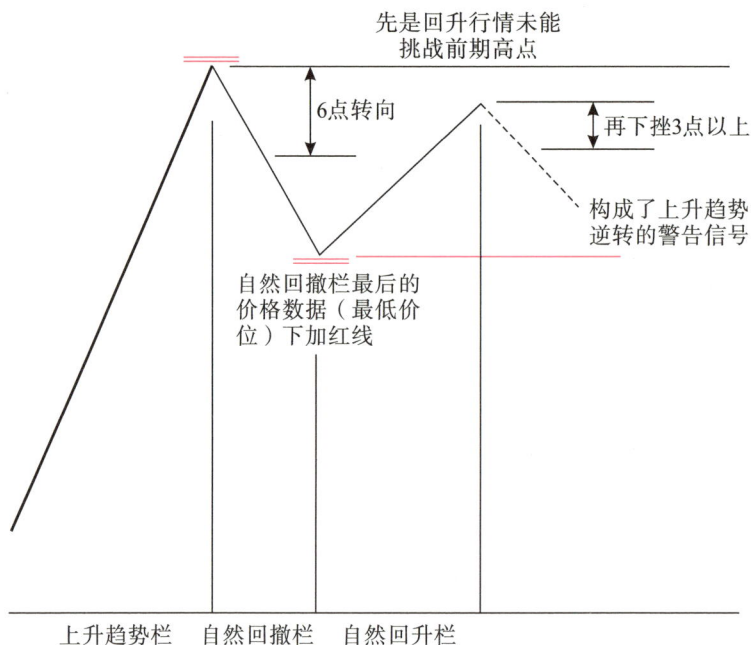

先是回升行情未能
挑战前期高点

6点转向

再下挫3点以上

构成了上升趋势
逆转的警告信号

自然回撤栏最后的
价格数据（最低价
位）下加红线

上升趋势栏　自然回撤栏　自然回升栏

规则 10（e）

规则 10（f），如果正在自然回撤栏记录数据，但当前回落行
情在下降趋势栏最新关键点（其下方标有黑线）之上、接近该关
键点的价位中止，并且该股票从这一点开始向上回升 3 点或更多，
则构成一个危险信号，表明该股票的下降趋势可能已经完结。

【译者注释】在下降趋势调整阶段，先是回落行情未能挑战
前期低点，再向上反弹 3 点以上，则可能构成了下降趋势即将逆
转的警告信号。

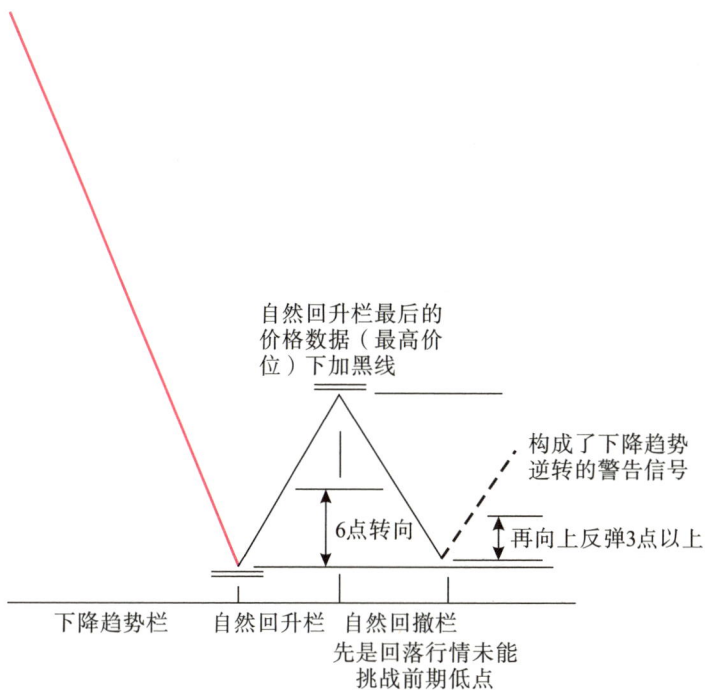

自然回升栏最后的
价格数据（最高价
位）下加黑线

构成了下降趋势
逆转的警告信号

6点转向

再向上反弹3点以上

下降趋势栏　　自然回升栏　自然回撤栏
先是回落行情未能
挑战前期低点

规则 10（f）

HOW TO TRADE IN STOCKS

第十章

利弗莫尔交易图表手稿和释义

译者注释图 1 [①]

【译者注释】译者注释图 1 显示了美国钢铁从 1938 年 3 月 23 日开始（图表一）至 1938 年 10 月 24 日止（图表五）的日行情，每日只选取收市价，对应图表一到图表五。译者注释图 1 把原著附表中美国钢铁行情记录表复原为现代的行情图表。

利弗莫尔规则实际上对连续的行情数据进行了分类，分类的过程便是判断行情性质的过程。译者注释图 1 中有点的日子其价格变化符合利弗莫尔的记录规则，被记录在各栏中；没有点的日子，图表上是断续的，这些日子的行情变化在利弗莫尔的规则下相对不太重要，被忽略了。

下降趋势调整阶段的关键点用双黑线标出；上升趋势的关键点用双红线标出。

---

① 本章所有译者注释图及其原始数据，读者均可从人民邮电出版社网站上下载，具体方法是：登录人民邮电出版社官网（www.ptpress.com.cn）首页，搜索到本书页面，点击【资源】即可下载。

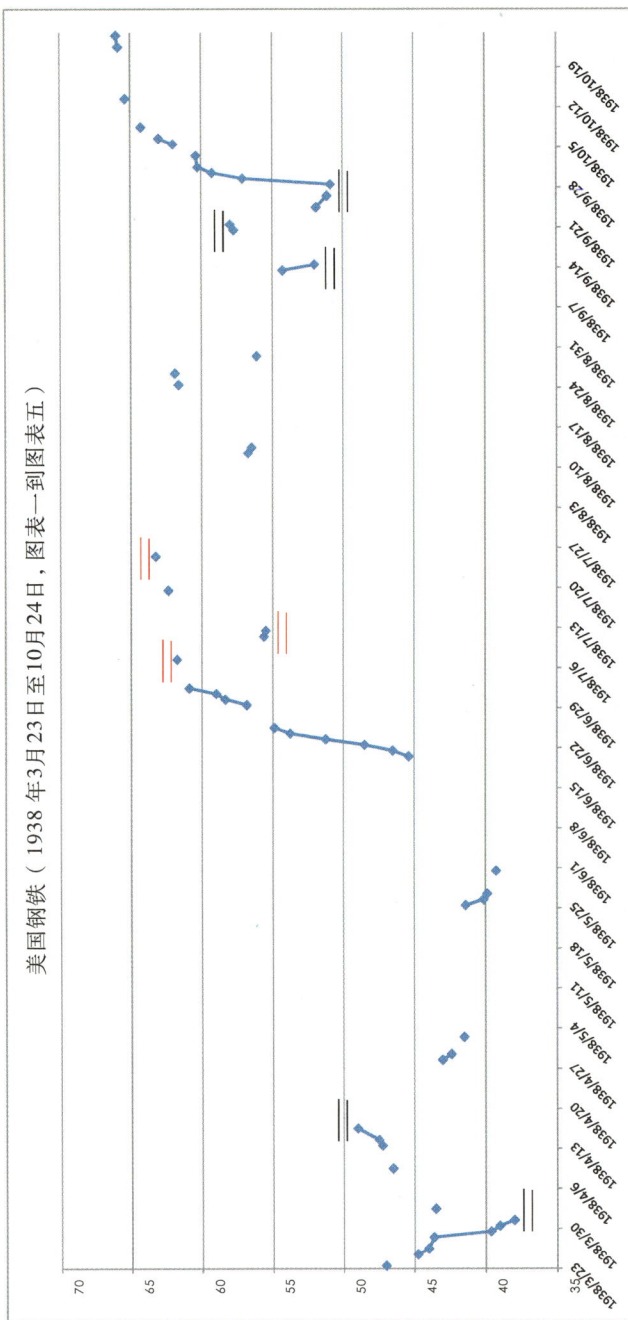

美国钢铁（1938年3月23日至10月24日，图表一到图表五）

译者注释图1

图表一

从 1938 年 4 月 2 日开始，价格记录在自然回升栏。请参见规则说明 6（b）。在下降趋势栏内最后价格下画两条黑线。请参见规则说明 4（c）。

从 1938 年 4 月 28 日开始，价格记录在自然回撤栏。请参见规则说明 4（d）。

【译者注释】以美国钢铁为例。请对照原书每个阶段行情数据的分栏记录、译者注释中的行情图表。这里按照日期分段进行说明。

以下为图表一数据的注释（参见译者注释图 1）。

从 1938 年 3 月 23 日至 3 月 31 日：下降趋势（前期高点为 $62\text{-}^1/_8$），连续下跌，最低点 38。这是下降趋势进入调整阶段后的关键点之一；

从 1938 年 3 月 31 日至 4 月 16 日：自然回升，最高点 49。这是下降趋势进入调整阶段后的关键点之二。

图表 一

日期	次级回升	自然回升	上升趋势	下降趋势	自然回撤	次级回撤	自然回升	上升趋势	下降趋势	自然回撤	次级回升	自然回升	上升趋势	下降趋势	自然回撤	次级回撤
		$65\frac{3}{4}$					57					$122\frac{3}{4}$				
				$48\frac{1}{2}$					$43\frac{1}{4}$					$91\frac{1}{4}$		
		$62\frac{1}{8}$					$65\frac{7}{8}$					128				
				$48\frac{1}{4}$					$50\frac{1}{8}$						$98\frac{3}{8}$	
							$56\frac{7}{8}$									
1938 日期		美国钢铁					伯利恒钢铁					组合价格				
3月23				47						$50\frac{1}{4}$					$97\frac{1}{4}$	
24																
25				$44\frac{3}{4}$					$46\frac{3}{4}$					$91\frac{1}{2}$		
周六26				44					46					90		
28				$43\frac{3}{8}$										$89\frac{5}{8}$		
29				$39\frac{5}{8}$					43					$82\frac{5}{8}$		
30				39					$42\frac{3}{8}$					$81\frac{1}{8}$		
31				38					40					78		
4月1																
周六2		$43\frac{1}{2}$					$46\frac{3}{8}$					$89\frac{7}{8}$				
4																
5																
6																
7																
8																
周六9		$46\frac{1}{2}$					$49\frac{3}{4}$					$96\frac{1}{4}$				
11																
12																
13		$47\frac{1}{4}$										97				
14		$47\frac{1}{2}$										$97\frac{1}{4}$				
周六16			49					52					101			
18																
19																
20																
21																
22																
周六23																
25																
26																
27																
28			43													
29			$42\frac{3}{8}$					45					$87\frac{3}{8}$			
周六30																
五月2			$41\frac{1}{2}$					$44\frac{1}{4}$					$85\frac{3}{4}$			
3																
4																

图表二

这些数字都是从前一页转录来的，目的是将关键点始终放在你面前。

从 1938 年 5 月 5 日至 5 月 21 日，没有记录任何价格，因为在这期间既没有任何新价格低于自然回撤栏内的最后价格，也没有任何回升行情高到值得记录的程度。

1938 年 5 月 27 日，伯利恒钢铁的价格用红色记录，因为这一价格低于下降趋势栏中的前一个记录。请参见规则说明 6（c）。

1938 年 6 月 2 日，伯利恒钢铁在 43 的价位构成买进良机。请参见规则说明 10（c）和 10（d）。同一天，美国钢铁在 $42\text{-}^1/_4$ 的价格构成买进良机。请参见规则说明 10（f）。

1938 年 6 月 10 日，伯利恒钢铁的价格记录在次级回升栏。请参见规则说明 6（g）。

【译者注释】以下为原著图表二数据的注释（参见译者注释图 1）。

从 1938 年 4 月 16 日至 5 月 31 日：自然回撤，最低点 $39\text{-}^1/_4$，稍高于下降趋势最低点 38，依然属于调整阶段；

从 1938 年 5 月 31 日至 6 月 22 日：次级回升，最高点 $48\text{-}^1/_2$。至此日（6 月 22 日，见图表三）为止，行情没有突破调整阶段的前期高点，归类为次级回升。

图表 二

	次级回升	自然回升	上升趋势	下降趋势	自然回撤	次级回撤	次级回升	自然回升	上升趋势	下降趋势	自然回撤	次级回撤	次级回升	自然回升	上升趋势	下降趋势	自然回撤	次级回撤
				38						40						78		
		49						52						101				
1938					41½						44¼						85¾	
日期			美国钢铁						伯利恒钢铁						组合价格			
5月5																		
6																		
周六7																		
9																		
10																		
11																		
12																		
13																		
周六14																		
16																		
17																		
18																		
19																		
20																		
周六21																		
23											44⅛						85⅝	
24											43½						85	
25					41⅜						42½						83⅞	
26					40⅛						40½						80⅝	
27					39⅞					39¾							79⅝	
周六28																		
31					39¼												79	
六月1																		
2																		
3																		
周六4																		
6																		
7																		
8																		
9																		
10							46½											
周六11																		
13																		
14																		
15																		
16																		

图表三

1938 年 6 月 20 日，美国钢铁的价格记录在次级回升栏。请参见规则说明 6（g）。

1938 年 6 月 24 日，美国钢铁和伯利恒钢铁的价格均用黑墨水记录在上升趋势栏。请参见规则说明 5（a）。

1938 年 7 月 11 日，美国钢铁和伯利恒钢铁的价格均记录在自然回撤栏。请参见规则说明 6（a）和 4（a）。

1938 年 7 月 19 日，美国钢铁和伯利恒钢铁的价格均用黑色记录在上升趋势栏，因为它们的最新价均比该栏内最后记录的价格高。请参见规则说明 4（b）。

【译者注释】以下为原著图表三数据的注释(参见译者注释图 1)。

从 1938 年 6 月 22 日至 6 月 23 日：自然回升，继续上涨至 $51\text{-}\frac{1}{4}$。请注意，当日行情继续上涨，超过了调整阶段的前期高点，但尚未达到 3 点以上，因此归类到自然回升；

从 1938 年 6 月 23 日至 7 月 7 日：上升趋势，持续上涨至 $61\text{-}\frac{3}{4}$。行情持续上涨，超过了调整阶段的前期高点，达到了 3 点以上，转入上升趋势栏，原来的下降趋势已经逆转方向；

从 1938 年 7 月 7 日至 7 月 12 日：自然回撤，最低点 $55\text{-}\frac{1}{2}$。上升趋势过程中发生自然回撤，请注意双红线标记的调整阶段的两个关键点；

从 1938 年 7 月 12 日至 7 月 25 日：上升趋势，最高点 $63\text{-}\frac{1}{4}$。经过短暂回落后，市场向上突破了前期高点（关键点之一），表明上升趋势恢复。

图表 三

	次级回升	自然回升	上升趋势	下降趋势	自然回撤	次级回撤	次级回升	自然回升	上升趋势	下降趋势	自然回撤	次级回撤	次级回升	自然回升	上升趋势	下降趋势	自然回撤	次级回撤
				38						40						78		
		49						52						101				
					39 1/4					39 3/4							79	
1938							46 1/2											
日期			美国钢铁						伯利恒钢铁						组合价格			
六月 17																		
周六 18																		
20	45 3/8						48 1/4						93 5/8					
21	46 1/2						49 7/8						96 3/8					
22	48 1/2						50 7/8						99 3/8					
23		51 1/4						53 1/4						104 1/2				
24			53 3/4						55 1/8						108 7/8			
周六 25			54 7/8						58 1/8						113			
27																		
28																		
29			56 7/8						60 1/8						117			
30			58 3/8						61 5/8						120			
七月 1			59												120 5/8			
周六 2			60 7/8						62 1/2						123 3/8			
5																		
6																		
7			61 3/4												124 1/4			
8																		
周六 9																		
11					55 5/8						56 3/4						112 3/8	
12					55 1/2												112 1/4	
13																		
14																		
15																		
周六 16																		
18																		
19			62 3/8						63 1/8						125 1/2			
20																		
21																		
22																		
周六 23																		
25			63 1/4												126 3/8			
26																		
27																		
28																		
29																		

图表四

1938 年 8 月 12 日，美国钢铁的价格记录在次级回撤栏，因为其最新价格没有低于先前在自然回撤栏记录的最后价格。同一天，伯利恒钢铁的最新价格记录在自然回撤栏，因为其最新价格低于先前在自然回撤栏记录的最后价格。

1938 年 8 月 24 日，美国钢铁和伯利恒钢铁的价格均记录在自然回升栏。请参见规则说明 6（d）。

1938 年 8 月 29 日，美国钢铁和伯利恒钢铁的价格均记录在次级回撤栏。请参见规则说明 6（h）。

【译者注释】以下为原著图表四数据的注释（参见译者注释图 1）。

从 1938 年 7 月 25 日至 8 月 13 日：次级回撤，最低点 $56\text{-}1/2$。这段行情龟缩在调整阶段的范围内，划入次级回撤栏。不过，同期的伯利恒钢铁行情与组合的行情都归入了自然回撤栏。严格按照规则，之前上升趋势已经创新高，不算调整阶段，不宜与前期低点比较，似乎应划入自然回撤栏更合适；

从 1938 年 8 月 13 日至 8 月 26 日：自然回升，最高点 $61\text{-}7/8$，没有达到上升趋势的前期高点；

从 1938 年 8 月 26 日至 8 月 29 日：次级回撤，最低点 $56\text{-}1/8$。该低点低于 8 月 13 日的最低点 $56\text{-}1/2$，似乎归入自然回撤栏更合适。

图表 四

日期	次级回升	自然回升	上升趋势	下降趋势	自然回撤	次级回撤	次级回升	自然回升	上升趋势	下降趋势	自然回撤	次级回撤	次级回升	自然回升	上升趋势	下降趋势	自然回撤	次级回撤
			$61\frac{3}{4}$						$62\frac{1}{2}$						$124\frac{1}{4}$			
				$55\frac{1}{2}$						$56\frac{3}{4}$						$112\frac{1}{4}$		
			$63\frac{3}{4}$						$63\frac{1}{8}$						$126\frac{3}{8}$			
1938																		
日期			美国钢铁						伯利恒钢铁						组合价格			
周六 七月30																		
八月1																		
2																		
3																		
4																		
5																		
周六6																		
8																		
9																		
10																		
11																		
12					$56\frac{5}{8}$						$54\frac{7}{8}$						$111\frac{1}{2}$	
周六13					$56\frac{1}{2}$						$54\frac{3}{4}$						$111\frac{1}{8}$	
15																		
16																		
17																		
18																		
19																		
周六20																		
22																		
23																		
24	$61\frac{5}{8}$						$61\frac{3}{8}$						123					
25																		
26	$61\frac{7}{8}$						$61\frac{1}{2}$						$123\frac{3}{8}$					
周六27																		
29					$56\frac{1}{8}$						55						—	
30																		
31																		
九月1																		
2																		
周六3																		
6																		
7																		
8																		
9																		
周六10																		

图表五

1938 年 9 月 14 日，美国钢铁的价格记录在下降趋势栏。请参见规则说明 5（b）。同一天，伯利恒钢铁的最新价格记录在自然回撤栏。之所以将该价格依然记录在自然回撤栏，是因为它没有达到比先前记录的带有红线标志的最后价格低 3 点的程度。1938 年 9 月 20 日，美国钢铁和伯利恒钢铁的价格均记录在自然回升栏。美国钢铁请参见规则说明 6（c），伯利恒钢铁请参见规则说明 6（d）。

1938 年 9 月 24 日，美国钢铁和伯利恒钢铁的价格均用红墨水记录在下降趋势栏，均是该栏的新价格。

1938 年 9 月 29 日，美国钢铁和伯利恒钢铁的价格均记录在次级回升栏。请参见规则说明 6（g）。

1938 年 10 月 5 日，美国钢铁的价格用黑墨水记录在上升趋势栏。请参见规则说明 5（a）。

1938 年 10 月 8 日，伯利恒钢铁的价格用黑墨水记录在上升趋势栏。请参见规则说明 6（d）。

【译者注释】以下为原著图表五数据的注释（参见译者注释图 1）。

从 1938 年 8 月 29 日至 9 月 13 日：自然回撤，最低点 $54\text{-}1/4$。沿着前期次级回撤的轨迹顺延，向下创新低，但尚未向下突破 3 点以上，因此转入自然回撤栏。

从 1938 年 9 月 13 日至 9 月 14 日：下降趋势，最低点 52。继续向下突破前期低点 3 点以上，转入下降趋势栏。

从 1938 年 9 月 14 日至 9 月 21 日：自然回升，最高点 58。

从 1938 年 9 月 21 日至 9 月 28 日：下降趋势，最低点 $50\text{-}^7/_8$。这个低点没有比前期低点低 3 点以上，但是创新低了，按照规则判断下降趋势恢复。

从 1938 年 9 月 28 日至 9 月 29 日：次级回升，最高点 $57\text{-}^1/_8$。

从 1938 年 9 月 29 日至 10 月 3 日：自然回升，最高点 $60\text{-}^3/_8$。

从 1938 年 10 月 3 日至 11 月 12 日：上升趋势，最高点 $71\text{-}^1/_4$。跟当年 5 月 31 日至 7 月 7 日的情况一样，在从下降趋势逆转为上升趋势的过程中，随着行情持续上升，市场首先未达到前期高点，归入次级回升行情；然后，向上超越前期高点但未及 3 点，进入常规的回升行情；最后，向上突破前期高点且超越 3 点，进入上升趋势。除非市场在短暂休整后趋势立即恢复，否则都会发生上述过程。

图表 五

	次级回升	自然回升	上升趋势	下降趋势	自然回撤	次级回撤	次级回升	自然回升	上升趋势	下降趋势	自然回撤	次级回撤	次级回升	自然回升	上升趋势	下降趋势	自然回撤	次级回撤
			63¼						63⅛						126⅝			
					55½						54⅜						111⅛	
								61½						123⅜				
		61⅞																
1938						56⅛						55						
日期			美国钢铁						伯利恒钢铁						组合价格			
九月12																		
13					54¼						53⅝						107⅞	
14				52							52½					104½		
15																		
16																		
周六17																		
19																		
20		57⅝						58¼										
21		58												116¼				
22																		
23																		
周六24				51⅞							52					103⅞		
26				51⅛							51¼					102⅜		
27																		
28				50⅞							51					101⅞		
29	57⅛						57¾						114⅞					
30		59¼						59½						118¾				
周六 十月1		60¼						60						120¼				
3		60⅜						60⅜						120¾				
4																		
5			62					62							124			
6			63					63							126			
7																		
周六8			64¼						64						128¼			
10																		
11																		
13			65⅜						65⅛						130½			
14																		
周六15																		
17																		
18																		
19																		
20																		
21																		
周六22			65⅞						67½						133⅜			
24			66												133½			

译者注释图 2

【译者注释】译者注释图 2 显示了美国钢铁从 1938 年 9 月 26 日至 1939 年 6 月 1 日的行情，对应图表六到图表十。

译者注释图 2 和译者注释图 1 相比，趋势更明确，图中的标记也就更简明。对照利弗莫尔的数据表，分栏记录的数据很简明。

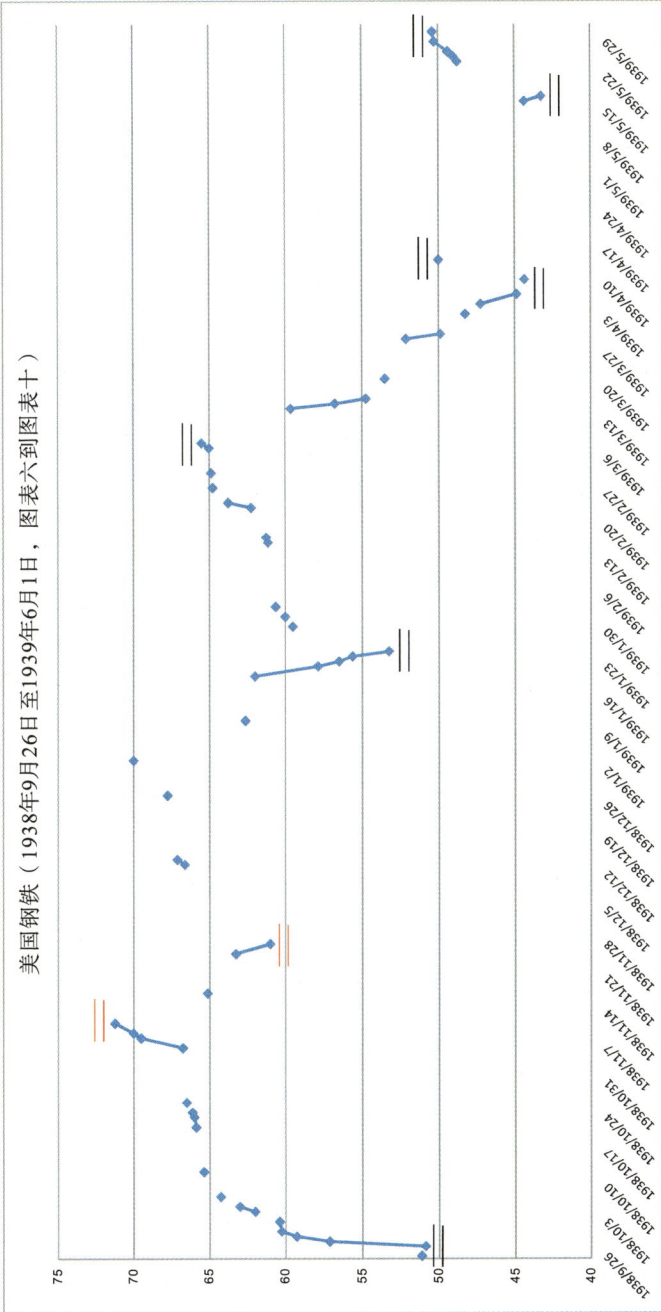

美国钢铁（1938年9月26日至1939年6月1日，图表六到图表十）

译者注释图2

图表六

1938 年 11 月 18 日，美国钢铁和伯利恒钢铁的价格均记录在自然回撤栏。请参见规则说明 6（a）。

【译者注释】以下为原著图表六数据的注释（参见译者注释图 2）。

从 1938 年 11 月 12 日至 11 月 28 日：自然回撤行情，最低点 61。这里用双红线标记了上升趋势调整阶段的两个关键点。

图表 六

日期	美国钢铁 上升趋势	美国钢铁 自然回撤	伯利恒钢铁 上升趋势	伯利恒钢铁 自然回撤	组合价格 上升趋势	组合价格 自然回撤
1938	66		$67\frac{1}{2}$		$133\frac{1}{2}$	
日期	美国钢铁		伯利恒钢铁		组合价格	
十月25	$66\frac{1}{8}$		$67\frac{7}{8}$		139	
26						
27	$66\frac{1}{2}$		$68\frac{7}{8}$		$135\frac{3}{8}$	
28						
周六29						
31						
十一月1			69		$135\frac{1}{2}$	
2						
3			$69\frac{1}{2}$		136	
4						
周六5						
7	$66\frac{3}{4}$		$71\frac{7}{8}$		$138\frac{5}{8}$	
9	$69\frac{1}{2}$		$75\frac{3}{8}$		$144\frac{7}{8}$	
10	70		$75\frac{1}{2}$		$145\frac{1}{2}$	
周六12	$71\frac{1}{4}$		$77\frac{7}{8}$		$198\frac{7}{8}$	
14						
15						
16						
17						
18		$65\frac{1}{8}$		$71\frac{7}{8}$		137
周六19						
21						
22						
23						
25						
周六26		$63\frac{1}{4}$		$71\frac{1}{2}$		$139\frac{3}{8}$
28		61		$68\frac{3}{4}$		$129\frac{3}{4}$
29						
30						
十二月1						
2						
周六3						
5						
6						
7						
8						

表头列（自左至右）：次级回升、自然回升、上升趋势、下降趋势、自然回撤、次级回升、自然回升、上升趋势、下降趋势、自然回撤、次级回升、次级回升、自然回升、上升趋势、下降趋势、自然回撤、次级回升

图表七

1938 年 12 月 14 日，美国钢铁和伯利恒钢铁的价格均记录在自然回升栏。请参见规则说明 6（d）。

1938 年 12 月 28 日，伯利恒钢铁的价格用黑墨水记录在上升趋势栏。因为这个价格高于该栏内记录的最后价格。

1939 年 1 月 4 日，根据利弗莫尔规则，市场的下一轮趋势正被揭示出来。请参见规则说明 10（a）和 10（b）。

1939 年 1 月 12 日，美国钢铁和伯利恒钢铁的价格均记录在次级回撤栏内。请参见规则说明 6（h）。

【译者注释】以下为原著图表七数据的注释（参见译者注释图 2）。

从 1938 年 11 月 28 日至 1939 年 1 月 4 日：自然回升，最高点 70，没有超越前期高点。

从 1939 年 1 月 4 日至 1 月 21 日：次级回撤，最低点 62。

图表 七

	次级回升	自然回升	上升趋势	下降趋势	自然回撤	次级回撤	次级回升	自然回升	上升趋势	下降趋势	自然回撤	次级回撤	次级回升	自然回升	上升趋势	下降趋势	自然回撤	次级回撤
			$71\frac{1}{4}$						$77\frac{5}{8}$						$148\frac{7}{8}$			
					61						$68\frac{3}{4}$						$129\frac{3}{4}$	
1938 日期			美国钢铁						伯利恒钢铁						组合价格			
十二月9																		
周六10																		
12																		
13																		
14		$66\frac{5}{8}$						$75\frac{1}{4}$						$141\frac{7}{8}$				
15		$67\frac{1}{8}$						$76\frac{3}{8}$						$143\frac{1}{2}$				
16																		
周六17																		
19																		
20																		
21																		
22																		
23																		
周六24																		
27																		
28		$67\frac{3}{4}$							78					$145\frac{3}{4}$				
29																		
30																		
周六31																		
1939 1月3日																		
4		70							80						150			
5																		
6																		
周六7																		
9																		
10																		
11												$73\frac{3}{4}$						
12						$62\frac{5}{8}$						$71\frac{1}{2}$						$134\frac{1}{8}$
13																		
周六14																		
16																		
17																		
18																		
19																		
20																		
周六21						62						$69\frac{1}{2}$						$131\frac{1}{2}$

图表八

1939 年 1 月 23 日，美国钢铁和伯利恒钢铁的价格均记录在下降趋势栏。请参见规则说明 5（b）。

1939 年 1 月 31 日，美国钢铁和伯利恒钢铁的价格记录在自然回升栏内。请参见规则说明 6（c）和 4（c）。

【译者注释】以下为原著图表八数据的注释（参见译者注释图 2）。

从 1939 年 1 月 21 日至 1 月 26 日：下降趋势，最低点 $53\text{-}\frac{1}{4}$。

从 1939 年 1 月 26 日至 3 月 9 日：自然回升，最高点 $65\text{-}\frac{1}{2}$。

图表 八

	次级回升	自然回升	上升趋势	下降趋势	自然回撤	次级回撤	次级回升	自然回升	上升趋势	下降趋势	自然回撤	次级回撤	次级回升	自然回升	上升趋势	下降趋势	自然回撤	次级回撤
			71¼						77⅝						148⅞			
					61						68¾						129¾	
		70							80						150			
1939						62						69½						131½
日期			美国钢铁						伯利恒钢铁						组合价格			
一月23				57⅞						63¾						121⅝		
24				56½						63¼						119¾		
25				55⅝						63						118⅝		
26				53¼						60¼						113½		
27																		
周六28																		
30																		
31		59½						68½						128				
二月1																		
2		60												128½				
3																		
周六4		60⅝						69						129⅝				
6								69⅞						130¾				
7																		
8																		
9																		
10																		
周六11																		
14																		
15																		
16								70¾						131⅝				
17		61⅛						71¼						132⅜				
周六18		61¼												132½				
20																		
21																		
23																		
24		62¼						72⅜						139⅝				
周六25		63¾						74¾						138½				
27																		
28		64¾						75						139¾				
三月1																		
2																		
3		64⅞						75¼						140				
周六4								75½						140⅜				
6																		
7																		

图表九

1939 年 3 月 16 日，美国钢铁和伯利恒钢铁的价格均记录在自然回撤栏。请参见规则说明 6（b）。

1939 年 3 月 30 日，美国钢铁的价格记录在下降趋势栏，因为该价格低于下降趋势栏内先前记录的最后一个价格。

1939 年 3 月 31 日，伯利恒钢铁的价格记录在下降趋势栏，因为该价格低于下降趋势栏内先前记录的最后一个价格。

1939 年 4 月 15 日，美国钢铁和伯利恒钢铁的价格均记录在自然回升栏。请参见规则说明 6（c）。

【**译者注释**】以下为原著图表九数据的注释（参见译者注释图 2）。

从 1939 年 3 月 9 日至 3 月 22 日：自然回撤，最低点 $53\text{-}1/2$。

从 1939 年 3 月 22 日至 4 月 11 日：下降趋势，最低点 $44\text{-}3/8$（关键点）。

从 1939 年 4 月 11 日至 4 月 15 日：自然回升，最高点 50（关键点）。

图表　九

日期	次级回升	自然回升	上升趋势	下降趋势	自然回撤	次级回撤	次级回升	自然回升	上升趋势	下降趋势	自然回撤	次级回撤	次级回升	自然回升	上升趋势	下降趋势	自然回撤	次级回撤
			$53\frac{1}{4}$							$60\frac{1}{4}$						$113\frac{1}{2}$		
1939		$64\frac{7}{8}$						$75\frac{1}{2}$						$140\frac{3}{8}$				
日期			美国钢铁					伯利恒钢铁						组合价格				
三月8		65												$140\frac{1}{2}$				
9		$65\frac{1}{2}$						$75\frac{7}{8}$						$141\frac{1}{8}$				
10																		
周六11																		
13																		
14																		
15																		
16				$59\frac{5}{8}$							$69\frac{1}{4}$						$128\frac{7}{8}$	
17				$56\frac{3}{8}$							$66\frac{3}{4}$						$123\frac{1}{2}$	
周六18				$54\frac{3}{4}$							65						$119\frac{1}{2}$	
20																		
21																		
22				$53\frac{1}{2}$							$63\frac{5}{8}$						$117\frac{1}{8}$	
23																		
24																		
周六25																		
27																		
28																		
29																		
30				$52\frac{1}{8}$							62						$114\frac{1}{8}$	
31				$49\frac{7}{8}$							$58\frac{3}{4}$						$108\frac{5}{8}$	
四月 周六1																		
3																		
4				$48\frac{1}{4}$							$57\frac{5}{8}$						$105\frac{7}{8}$	
5																		
6				$47\frac{1}{4}$							$55\frac{1}{2}$						$102\frac{3}{4}$	
周六8				$44\frac{7}{8}$							$52\frac{1}{2}$						$97\frac{3}{8}$	
10																		
11				$44\frac{3}{8}$							$51\frac{5}{8}$						96	
12																		
13																		
14																		
周六15	50						$58\frac{1}{2}$						$108\frac{1}{2}$					
17																		
18																		
19																		

译者注释图 3

【译者注释】译者注释图 3 显示了美国钢铁从 1939 年 5 月 17 日至 1940 年 2 月 19 日的行情，对应图表十到图表十六。

美国钢铁（1939年5月17日至1940年2月19日，图表十到图表十六）

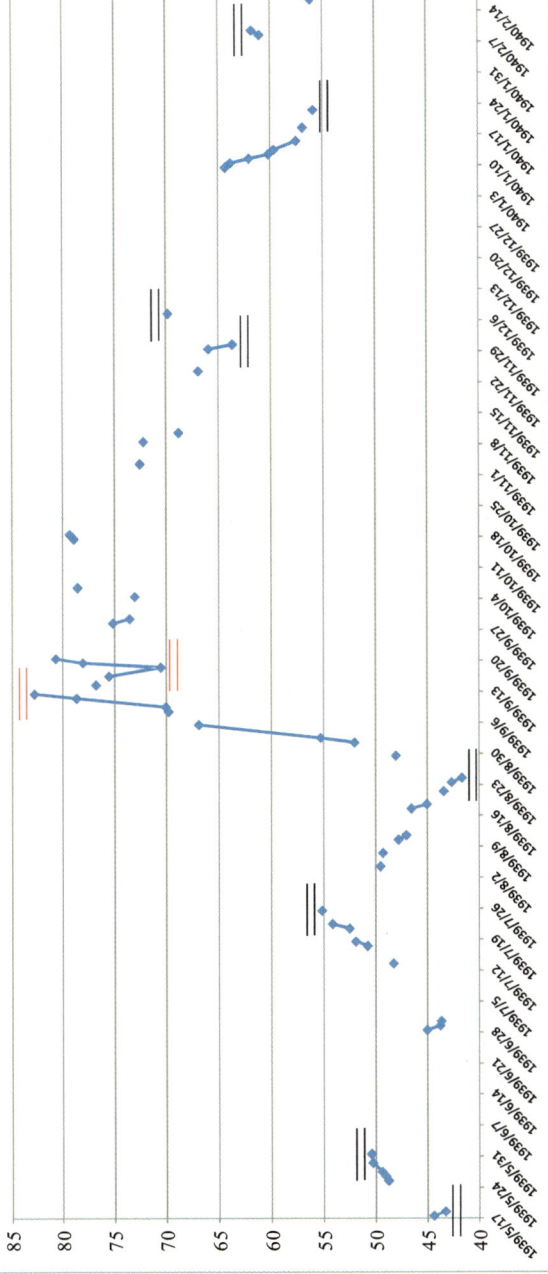

译者注释图3

图表十

1939 年 5 月 17 日，美国钢铁和伯利恒钢铁的价格均记录在自然回撤栏，下一天，5 月 18 日，美国钢铁的价格记录在下降趋势栏。请参见规则说明 6（e）。再下一天，5 月 19 日，伯利恒钢铁下降趋势栏内的数字下方画了两条红线，表示其最新价格和下降趋势栏内最后记录的价格相同。

1939 年 5 月 25 日，美国钢铁和伯利恒钢铁的价格均记录在次级回升栏。请参见规则说明 6（g）。

【译者注释】以下为原著图表十数据的注释（参见译者注释图 2）。

从 1939 年 4 月 15 日至 5 月 17 日：自然回撤，最低点 $44\text{-}5/8$。

从 1939 年 5 月 17 日至 5 月 18 日：下降趋势，最低点 $43\text{-}1/4$。

从 1939 年 5 月 18 日至 5 月 27 日：次级回升，最高点 $49\text{-}3/8$。

从 1939 年 5 月 27 日至 5 月 31 日：自然回升，最高点 $50\text{-}7/8$。

5 月 18 日的最低点和 31 日的最高点分别向下和向上稍稍拓展了下降趋势调整阶段的波动范围。

图表 十

	次级回升	自然回升	上升趋势	下降趋势	自然回撤	次级回撤	次级回升	自然回升	上升趋势	下降趋势	自然回撤	次级回撤	次级回升	自然回升	上升趋势	下降趋势	自然回撤	次级回撤
				$44\frac{3}{8}$						$51\frac{5}{8}$						96		
1939		50						$58\frac{1}{2}$						$108\frac{1}{2}$				
日期			美国钢铁						伯利恒钢铁						组合价格			
四月20																		
21																		
周六22																		
24																		
25																		
26																		
27																		
28																		
周六29																		
五月1																		
2																		
3																		
4																		
5																		
周六6																		
8																		
9																		
10																		
11																		
12																		
周六13																		
15																		
16																		
17					$44\frac{5}{8}$						52						$96\frac{5}{8}$	
18				$43\frac{1}{4}$												$95\frac{1}{4}$		
19																$94\frac{7}{8}$		
周六20																		
22																		
23																		
24																		
25	$48\frac{3}{4}$						$57\frac{3}{4}$						$106\frac{1}{2}$					
26	49						58						107					
周六27	$49\frac{3}{8}$							—					$107\frac{7}{8}$					
29		$50\frac{1}{4}$						$59\frac{3}{8}$						$109\frac{5}{8}$				
31		$50\frac{7}{8}$						60						$110\frac{7}{8}$				
六月1																		

图表十一

1939 年 6 月 16 日，伯利恒钢铁的价格记录在自然回撤栏。请参见规则说明 6（b）。

1939 年 6 月 28 日，美国钢铁的价格记录在自然回撤栏。请参见规则说明 6（b）。

1939 年 6 月 29 日，伯利恒钢铁的价格记录在下降趋势栏，因为该最新价低于下降趋势栏内最后记录的价格。

1939 年 7 月 13 日，美国钢铁和伯利恒钢铁的价格均记录在次级回升栏。请参见规则说明 6（g）。

【译者注释】以下为原著图表十一数据的注释（参见译者注释图 3）。

从 1939 年 5 月 31 日至 6 月 30 日：自然回撤，最低点 $43\text{-}\frac{5}{8}$。

从 1939 年 6 月 30 日至 7 月 17 日：次级回升，最高点 $50\text{-}\frac{3}{4}$。

图表 十一

日期	次级回升	自然回升	上升趋势	下降趋势	自然回撤	次级回撤	自然回升	上升趋势	下降趋势	自然回撤	次级回撤	次级回升	自然回升	上升趋势	下降趋势	自然回撤	次级回撤
				$44\frac{7}{8}$					$51\frac{5}{8}$						96		
		50					$58\frac{1}{2}$							$108\frac{1}{2}$			
				$43\frac{1}{4}$					—						$94\frac{7}{8}$		
1939 日期		$50\frac{7}{8}$					60						$110\frac{1}{8}$				
		美国钢铁					伯利恒钢铁						组合价格				
六月 2																	
周六 3																	
5																	
6																	
7																	
8																	
9																	
周六 10																	
12																	
13																	
14																	
15																	
16								54										
周六 17																	
19																	
20																	
21																	
22																	
23																	
周六 24																	
26																	
27																	
28				45						$52\frac{1}{2}$						$97\frac{1}{2}$		
29				$43\frac{3}{4}$						51						$94\frac{3}{4}$		
30				$43\frac{5}{8}$						$50\frac{1}{4}$						$93\frac{7}{8}$		
周六																	
七月 1																	
5																	
6																	
7																	
周六 8																	
10																	
11																	
12																	
13	$48\frac{1}{4}$						$57\frac{1}{4}$						$105\frac{1}{2}$					
14																	

137

图表十二

1939 年 7 月 21 日，伯利恒钢铁的价格记录在上升趋势栏，下一天，7 月 22 日，美国钢铁的价格记录在上升趋势栏。请参见规则说明 5（a）。

1939 年 8 月 4 日，美国钢铁和伯利恒钢铁的价格记录在自然回撤栏。请参见规则说明 4（a）。

1939 年 8 月 23 日，美国钢铁的价格记录在下降趋势栏，因为该最新价格低于下降趋势栏内先前记录的最后价格。

【译者注释】以下为原著图表十二数据的注释（参见译者注释图 3）。

从 1939 年 7 月 17 日至 7 月 21 日：自然回升，最高点 $52\text{-}^1/_2$。

从 1939 年 7 月 21 日至 7 月 25 日：上升趋势，最高点 $55\text{-}^1/_8$。

从 1939 年 7 月 25 日至 8 月 21 日：自然回撤，最低点 $43\text{-}^3/_8$。

从 1939 年 8 月 21 日至 8 月 24 日：下降趋势，最低点 $41\text{-}^5/_8$。

图表 十二

日期	美国钢铁						伯利恒钢铁						组合价格					
	次级回升	自然回升	上升趋势	下降趋势	自然回撤	次级回撤	次级回升	自然回升	上升趋势	下降趋势	自然回撤	次级回撤	次级回升	自然回升	上升趋势	下降趋势	自然回撤	次级回撤
			43 1/4						51 3/8						94 3/8			
		50 7/8						60						110 7/8				
				43 5/8						50 1/4						93 7/8		
1939	48 1/4						57 1/4						105 1/2					
周六 七月15																		
17	50 3/4							60 3/8						111 1/8				
18		51 7/8						62						113 7/8				
19																		
20																		
21		52 1/2						63						115 1/2				
周六22			54 1/8					65							119 1/8			
24																		
25			55 5/8						65 3/4							120 7/8		
26																		
27																		
28																		
周六29																		
31																		
八月1																		
2																		
3																		
4				49 1/2						59 1/2							109	
周六5				49 1/4													108 3/4	
7																		
8																		
9										59							108 1/4	
10				47 3/4						58							105 3/4	
11				47													105	
周六12																		
14																		
15																		
16																		
17				46 1/2													104 1/2	
18				45						55 1/8							100 1/8	
周六19																		
21				43 3/8						53 3/8							96 3/4	
22																		
23				42 5/8													96	
24				41 5/8						51 7/8						93 1/2		
25																		

图表十三

1939 年 8 月 29 日，美国钢铁和伯利恒钢铁的价格均记录在自然回升栏。请参见规则说明 6（d）。

1939 年 9 月 2 日，美国钢铁和伯利恒钢铁的价格均记录在上升趋势栏，因为它们的最新价格均高于上升趋势栏内先前记录的最后价格。

1939 年 9 月 14 日，美国钢铁和伯利恒钢铁的价格均记录在自然回撤栏。请参见规则说明 6（a）和 4（a）。

1939 年 9 月 19 日，美国钢铁和伯利恒钢铁的价格均记录在自然回升栏。请参见规则说明 6（d）和 4（c）。

1939 年 9 月 28 日，美国钢铁和伯利恒钢铁的价格均记录在次级回撤栏。请参见规则说明 6（h）。

1939 年 10 月 6 日，美国钢铁和伯利恒钢铁的价格均记录在次级回升栏。请参见规则说明 6（g）。

【译者注释】以下为原著图表十三数据的注释（参见译者注释图 3）。

从 1939 年 8 月 24 日至 9 月 1 日：自然回升，最高点 52。

从 1939 年 9 月 1 日至 9 月 12 日：上升趋势，最高点 $82\text{-}^3/_4$。

从 1939 年 9 月 12 日至 9 月 18 日：自然回撤，最低点 $70\text{-}^1/_2$。

从 1939 年 9 月 18 日至 9 月 20 日：自然回升，最高点 $80\text{-}^5/_8$。

从 1939 年 9 月 20 日至 10 月 4 日：次级回撤，最低点 73。

从 1939 年 10 月 4 日至 10 月 18 日：次级回升，最高点 $79\text{-}^1/_4$。

图表 十三

	次级回升	自然回升	上升趋势	下降趋势	自然回撤	次级回撤	次级回升	自然回升	上升趋势	下降趋势	自然回撤	次级回撤	次级回升	自然回升	上升趋势	下降趋势	自然回撤	次级回撤
				43¼						50¼						93⅞		
			55⅛						65¾						120⅞			
1939				41⅝							51⅞					93½		
日期		美国钢铁							伯利恒钢铁						组合价格			
周六 八月26																		
28																		
29		48						60½						108½				
30																		
31																		
九月1		52						65½						117½				
周六2			55¼						70⅜						125⅝			
5			66⅞						85½						152⅜			
6																		
7																		
8			69¾						87						156¾			
周六9			70						88¾						158¾			
11			78⅝						100						178⅝			
12			82¾												182¾			
13																		
14					76⅜						91¾						168⅛	
15																		
周六16					75½						88⅜						163⅞	
18					70½						83¾						154¼	
19		78						92⅜						170⅜				
20		80⅝						95⅝						176¼				
21																		
22																		
周六23																		
25																		
26																		
27																		
28						75⅛						89						164⅛
29						73½						86¾						160¼
周六30																		
十月2																		
3																		
4						73						86¼						159¼
5																		
6	78½						92¾						171¼					
周六7																		

图表十四

1939 年 11 月 3 日，美国钢铁的价格记录在次级回撤栏，因为该最新价格低于该栏内先前记录的最后价格。

1939 年 11 月 9 日，美国钢铁的自然回撤栏内填入了一个破折号，因为该最新价格和自然回撤栏内先前记录的最后价格相同。同一天，伯利恒钢铁的价格记录在自然回撤栏，因为该最新价格低于该栏内先前记录的最后价格。

【译者注释】以下为原著图表十四数据的注释（参见译者注释图 3）。

从 1939 年 10 月 18 日至 11 月 8 日，次级回升，最高点 $72\text{-}\frac{1}{8}$。

从 1939 年 11 月 8 日至 11 月 10 日：自然回撤，最低点 $68\text{-}\frac{3}{4}$。

图表 十四

	次级回升	自然回升	上升趋势	下降趋势	自然回撤	次级回撤	次级回升	自然回升	上升趋势	下降趋势	自然回撤	次级回撤	次级回升	自然回升	上升趋势	下降趋势	自然回撤	次级回撤
			82¾						100						182¾			
					70½						83¾						159¼	
		80⅝						95⅝						176¼				
						73						86¼						159¼
1939	78½						92¾						171¼					
日期			美国钢铁						伯利恒钢铁						组合价格			
十月9																		
10																		
11																		
13																		
周六14																		
16																		
17	78⅞						93⅞						172¾					
18	79¼												173½					
19																		
20																		
周六21																		
23																		
24																		
25																		
26																		
27																		
周六28																		
30																		
31																		
十一月1																		
2																		
3						72½												
周六4																		
6																		
8						72⅛						86⅛						158¼
9					—						83¼						153¾	
10					68¾						81¾						150½	
13																		
14																		
15																		
16																		
17																		
周六18																		
20																		
21																		
22																		

图表十五

1939 年 11 月 24 日，美国钢铁的价格记录在下降趋势栏。请参见规则说明 6（e）。下一天，11 月 25 日，伯利恒钢铁的价格记录在下降趋势栏。请参见规则说明 6（e）。

1939 年 12 月 7 日，美国钢铁和伯利恒钢铁的价格均记录在自然回升栏。请参见规则说明 6（c）。

【译者注释】以下为原著图表十五数据的注释（参见译者注释图 3）。

从 1939 年 11 月 10 日至 11 月 30 日：下降趋势，最低点 $63\text{-}\frac{5}{8}$。

从 1939 年 11 月 30 日至 12 月 7 日：自然回升，最高点 $69\text{-}\frac{3}{4}$。

图表 十五

日期	次级回升	自然回升	上升趋势	下降趋势	自然回撤	次级回撤	次级回升	自然回升	上升趋势	下降趋势	自然回撤	次级回撤	次级回升	自然回升	上升趋势	下降趋势	自然回撤	次级回撤
			$82\frac{3}{4}$						100						$182\frac{5}{8}$			
				$70\frac{1}{2}$						$83\frac{3}{4}$							$154+$	
		$80\frac{5}{8}$						$95\frac{5}{8}$						$176\frac{1}{4}$				
1939					$68\frac{3}{4}$						$81\frac{3}{4}$						$150\frac{1}{2}$	
日期	美国钢铁						伯利恒钢铁						组合价格					
十一月24			$66\frac{7}{8}$						81							$147\frac{3}{4}$		
周六25										$80\frac{3}{4}$						$147\frac{5}{8}$		
27																		
28																		
29				$65\frac{3}{8}$						$78\frac{7}{8}$						144		
30				$63\frac{3}{8}$						77						$140\frac{3}{8}$		
十二月1																		
周六2																		
4																		
5																		
6																		
7		$69\frac{3}{4}$						84						$153\frac{3}{4}$				
8																		
周六9																		
11																		
12																		
13																		
14									$84\frac{7}{8}$					$154\frac{5}{8}$				
15																		
周六16																		
18																		
19																		
20																		
21																		
22																		
周六23																		
26																		
27																		
28																		
29																		
周六30																		
1940 一月2																		
3																		
4																		
5																		
周六6																		

图表十六

1940 年 1 月 9 日，美国钢铁和伯利恒钢铁的价格均记录在自然回撤栏。请参见规则说明 6（b）。

1940 年 1 月 11 日，美国钢铁和伯利恒钢铁的价格均记录在下降趋势栏，因为它们的最新价格均低于下降趋势栏内先前记录的最后价格。

1940 年 2 月 7 日，伯利恒钢铁的价格记录在自然回升栏，这是该股票上冲的幅度第一次达到了要求的 6 点。下一天，2 月 8 日美国钢铁和伯利恒钢铁以及它们组成的组合价格一道，三者的最新价格均记录在自然回升栏，后者上冲的幅度已经达到了合适距离，因此可用于记录。

【译者注释】以下为原著图表十六数据的注释（参见译者注释图 3）。

从 1939 年 12 月 7 日至 1940 年 1 月 10 日：自然回撤，最低点 $63\text{-}\frac{3}{4}$。

从 1940 年 1 月 10 日至 1 月 22 日：下降趋势，最低点 $55\text{-}\frac{7}{8}$。

从 1940 年 1 月 22 日至 2 月 9 日：自然回升，最高点 $61\text{-}\frac{3}{4}$。

从 1940 年 2 月 9 日至 2 月 16 日：自然回撤，最低点 $56\text{-}\frac{1}{8}$。

图表 十六

	次级回升	自然回升	上升趋势	下降趋势	自然回撤	次级回撤	次级回升	自然回升	上升趋势	下降趋势	自然回撤	次级回撤	次级回升	自然回升	上升趋势	下降趋势	自然回撤	次级回撤
				$63\frac{5}{8}$						77						$140\frac{5}{8}$		
1940		$69\frac{3}{4}$						$84\frac{7}{8}$						$154\frac{5}{8}$				
			美国钢铁						伯利恒钢铁						组合价格			
一月8																		
9				$64\frac{1}{8}$						$78\frac{1}{2}$						$142\frac{3}{4}$		
10				$63\frac{3}{4}$												$142\frac{1}{4}$		
11				62						$76\frac{1}{2}$						$138\frac{1}{2}$		
12				$60\frac{1}{8}$						$74\frac{1}{8}$						$134\frac{1}{4}$		
周六13				$59\frac{5}{8}$						$73\frac{1}{2}$						$133\frac{3}{8}$		
15				$57\frac{1}{2}$						72						$129\frac{1}{2}$		
16																		
17																		
18				$56\frac{7}{8}$						$71\frac{1}{2}$						$128\frac{3}{8}$		
19										71						$127\frac{7}{8}$		
周六20																		
22				$55\frac{7}{8}$						$70\frac{1}{8}$						126		
23																		
24																		
25																		
26																		
周六27																		
29																		
30																		
31																		
二月1																		
2																		
周六3																		
5																		
6																		
7								$76\frac{3}{8}$										
8		61						78						139				
9		$61\frac{3}{4}$						$79\frac{1}{2}$						$141\frac{1}{4}$				
周六10																		
13																		
14																		
15																		
16				$56\frac{1}{8}$														
周六17																		
19																		

译者注释图 4

【译者注释】译者注释图 4 显示了美国钢铁从 1938 年 3 月 23
日至 1940 年 2 月 19 日的行情，对应图表一到图表十六。译者注
释图 4 把原著图表中的所有美国钢铁的行情数据连接在一起，以
便于观察。

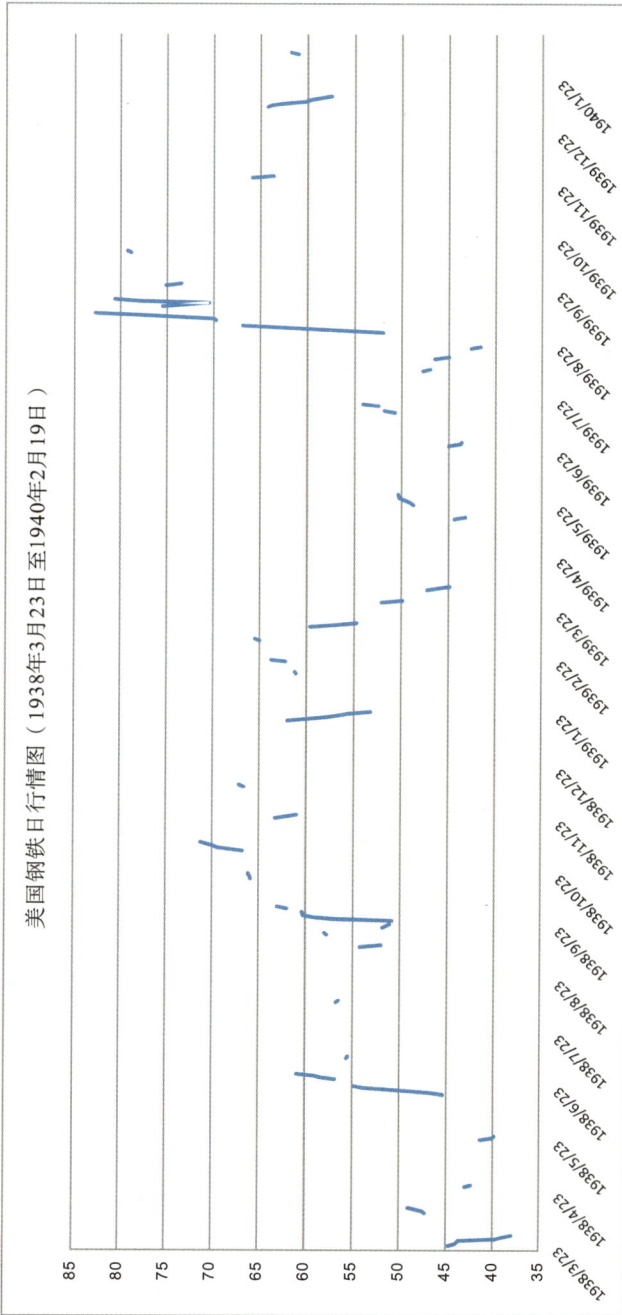

美国钢铁日行情图（1938年3月23日至1940年2月19日）

译者注释图4

译者注释图 5

【译者注释】译者注释图 5 显示了美国钢铁（左轴）与道琼斯工业指数（右轴）从 1938 年 3 月 23 日至 1940 年 2 月 19 日行情的对比图。

最理想的对比是美国钢铁的完整行情和利弗莫尔的记录的对比。遗憾的是我们找不到完整的原始数据。

从译者注释图 5 的对比大致可以看出，利弗莫尔规则始终以趋势为核心，突出趋势研判功能，把不提供趋势信息的小波动忽略掉。在趋势明朗时紧密跟踪趋势，在趋势进入调整阶段后，密切观察调整阶段的终结以及随后趋势的持续或逆转。

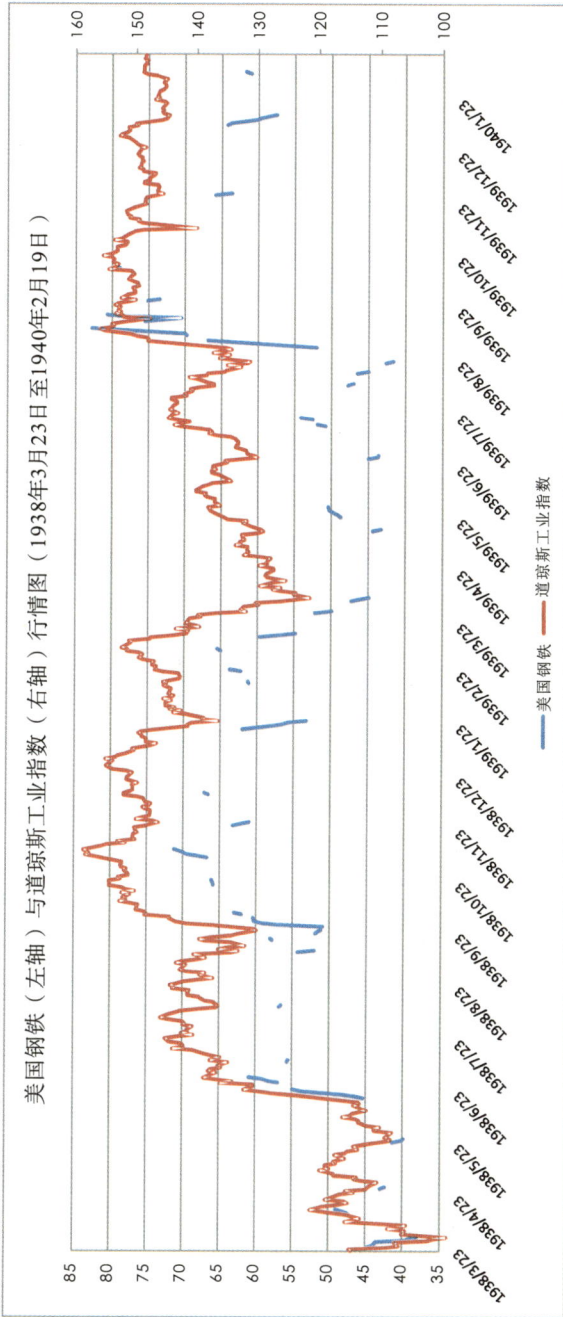

美国钢铁（左轴）与道琼斯工业指数（右轴）行情图（1938年3月23日至1940年2月19日）

—— 美国钢铁　　—— 道琼斯工业指数

译者注释图5

附录

2003 年版译者前言

如果一本书真的值得翻译过来、值得读一读，就总要有新意。所谓新意，指的是和我们惯常的思路、立场和做法不同。只要这新意言之有理、言之有据，那么越是和你的习惯不同，对你的价值就越高、启发意义就越强。

恰恰正是这一点，我们要留神，因为读书的时候总是不知不觉地顺着自己的习惯、自己的思路理解下去，结果得到的往往是自己的版本，而不是原本的意味，很可能错过微言大义。说翻译比写作难，指的也是这个意思。

人生自我改进的道路仅有两条，一条是从自己的经验和错误中领悟并汲取教训；另一条就是借助他人的思想和经验教训来启发自己。这两条道路都有一个共同之处——当事人必须确实领悟到和惯常的、旧有的思想模式、行为模式截然不同的地方，所谓"今是而昨非"。我曾经在《投资正途》第一章开宗明义地指出，自己的行为模式决定了自己的命运，因此旧系统之外的新思想、新方法、新资源是改变现有人生境遇的唯一机会。我时常告诫自己，如果不能从自己的实践、从书本上、从他人那里领悟到新意，那就意味着一定还在原来的思路和习惯中打转，而这正是命运的圈套。

投资者都需要在市场上实际操作，难就难在实际操作。首先，投资好比选美，但是不能按照自己的标准，而是要按照流行的标准来，问题是标准时时在变；其次，在搜集信息和研究决策时，操作者主要依靠理性分析，但是一旦入市，贪婪和恐惧就不知不觉抢过了舵把。

如何"客观"地按照市场的标准选美？特别是如何在交易过程中确保理性始终掌舵？这是市场操作者的最大挑战。本书作者利弗莫尔以自己多年的实践经验回答了这些问题，从如何研究开始，讲到如何开立头寸，如何在持仓过程中前后一贯地保持理性，如何在危险到来时平仓了结。其中既有成功的喜悦，也有失败的懊恼。如果你留意，还会注意到，利弗莫尔亲身经历的正是美国股市20世纪二三十年代的疯狂牛市，以及随后而来的十多年官方加强监管、市场长期调整的历史，这段历史和国内股票市场的现状相映成趣。

还有什么比这活生生的经历更能启发你呢？

本书是美国投资领域的经典著作，首次出版于1940年。杰西·利弗莫尔是一位华尔街传奇人物，本书详细讲解了他所身体力行的交易技巧和方法。正因为他是一位数十年征战市场的实践者，写的又完全是自己的实践经验和教训，既讲解了他的实用理论，又介绍了具体做法，因此，本书具有完全不同于理论书籍的独特价值。投资是一门艺术，最好有师傅手把手地领我们入门。虽然我们已经无缘得到这位投机大师的言传身教，但是毫无疑问，本书是利弗莫尔传道授业的肺腑之言，好好读一读，领会其中新意，仅次于受他本人耳提面命。

顺便说一说，和利弗莫尔有渊源的书共有三部，分别是《股票大作手回忆录》、《杰西·利弗莫尔：投机之王》，还有这本《股票大作手操盘术》。前两本是写利弗莫尔的，本书是利弗莫尔亲笔所写。

强调实践并不贬低研究，研究和操作具有分工、协作的关系。健全的投资策略大致可以分为六个环节，顺序列举，第一个环节是"现象、资料、数据"的搜集、整理；第二个环节是提炼事实，揭示事实和事实之间的直接关系；第三个环节是在应用性理论的指导下挖掘事实之间的内在关系，提出各种可能性和方案；第四个环节是抉择方案、形成决策；第五个环节是行动，落实决策；第六个环节是行动过程中的风险控制。

前三个环节属于研究的范畴，重点在于数据全面、准确、及时，研究方法得当、先进，理论和实际恰当地结合，力求得出相对客观的结论。有时，研究工作也可能稍稍延伸到抉择方案、形成决策的阶段。

后三个环节属于操作的范畴，重点在于根据市场条件灵活选择行动方案，在适当的时机果断行动，同时要求操作者具备足够的心理承受能力。在行动过程中，始终采取风险控制措施。适应市场的能力和当事人对行情的敏感度有关，操作成败与当事人的心理控制有关，因此，操作阶段是相对主观的。

从上述流程来看，研究和操作既有明显的区别，又承前启后、不可偏废。六个环节也是六个步骤，必须环环相扣、节奏分明。分工、协作才能提高效率，这是基本规律。国内业界的分工、协作不尽人意，研究者往往简单地提出买卖建议，操作者则往往片面强调"市场感觉"，常常缺少清晰、完整的工作流程。利弗莫尔的理论多是从实践中总结得来的，尽管如此，我们还是可以从本书领略利弗莫尔层次分明的具体操作方法，可以从这个角度来寻找新意。

最后，我要诚挚地感谢梁永刚先生，梁先生独具慧眼地选出了本书，并让我有机会领略这位大师的风采。

还要感谢陈文庆先生，他是本书繁体中文版的译者，本译作曾在数处参考他的译本。

如果朋友们对本书有任何批评建议，或者有任何疑问，或者愿意和译者交流，或者购书有困难，欢迎和译者联系，我们将尽力解答。译者的通信地址是："北京市朝阳区惠新南里一号院北楼 3 门 403 室，100029"，电子邮箱是 dingshengyuan@163.com。

丁圣元

2003 年 7 月 11 日

· 好书推荐 ·

《股票投资百年经典译丛》

时间筛选出的百年股市精品

专业人士立足 A 股市场的全新解读

散户股民稳定获利的必读之作

江恩操盘理念的完整汇集
准确捕捉股票操作的信息与灵感

书名：《江恩股市操盘术（专业解读版）》

作者：【美】威廉·D. 江恩　译者：唐璐　点评：张艺博

书号：978-7-115-37286-4

华尔街投资大师 10 年投资记录完美解读
系统诠释江恩趋势理论七大原则

书名：《江恩股市趋势理论（专业解读版）》

作者：【美】威廉·D. 江恩　译者：张艺博

书号：978-7-115-37621-3

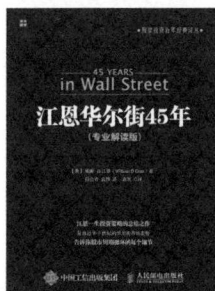

江恩一生投资策略的总结之作，告诉你股市周期循环的每个细节

书名：《江恩华尔街 45 年（专业解读版）》

作者：【美】威廉·D. 江恩　译者：段会青　袁熙　点评：袁熙

书号：978-7-115-38664-9

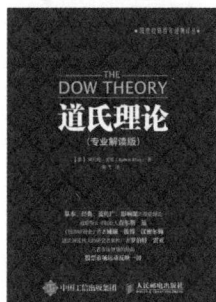

道琼斯公司创始人查尔斯·道、
《股市晴雨表》作者威廉·彼得·汉密尔顿、
道氏理论伟大的研究者和推广者罗伯特·雷亚三者市场智慧的结晶

书名：《道氏理论（专业解读版）》

作者：【美】罗伯特·雷亚（Robert Rhea）　译者：谢飞

书号：978-7-115-39921-2

《华尔街日报》资深编辑一生的著名作品
道氏理论的典藏之作

书名：《股市晴雨表（专业解读版）》

作者：【美】威廉·彼得·汉密尔顿　译者：张艺博

书号：978-7-115-36989-5

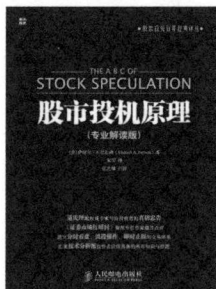

分时看盘、波段操作、立即止损
直指股市本质的投资箴言

书名：《股市投机原理（专业解读版）》

作者：【美】萨缪尔·尼尔森　译者：朱玥　点评：张艺博

书号：978-7-115-37768-5

编辑电话：010-81055647　　读者热线：010-81055656　010-81055657